L'INFORMATIQUE POUR LES SÉNIORS

MON AIDE-MÉMOIRE POUR

UTILISER LE MAC

FIRST
> Interactive

Gabriel Maurisson

Mon Aide-mémoire pour utiliser le Mac

2 ter, rue des Chantiers
75005 Paris – France
Tél. 01 45 49 60 00
Fax 01 45 49 60 01
E-mail: firstinfo@efirst.com
Internet: www.efirst.com

ISBN : 978-2-7540-0469-5
Dépôt légal : 3e trimestre 2007
Imprimé en France

Mise en page : Catherine Kédémos

Préface

L'usage quotidien et familial de l'ordinateur est devenu un enjeu de société : pour nos enfants qui doivent pouvoir utiliser l'Internet en toute sécurité et pour chacun d'entre nous, afin de bénéficier pleinement de tous les services accessibles avec un **Mac**.

Conscient de cet enjeu, j'ai fondé **Famiclic** en 2004 afin de répondre à vos besoins d'initiation, d'aide ou d'assistance. Notre métier est de vous aider à faire face à ces nouvelles technologies de l'information afin que vous deveniez autonome.

Pour vous faciliter la vie informatique, nous réalisons tous les jours des dizaines de rendez-vous à domicile, sous forme d'installation, de formation ou d'assistance. Notre expérience de plusieurs milliers de rendez-vous nous a permis de développer un savoir-faire unique dans l'accompagnement des débutants mais aussi de ceux qui souhaitent se perfectionner.

C'est cette expérience que nous vous proposons, avec **Gabriel Maurisson**, spécialiste **Apple** chez **Famiclic**, et auteur de cet ouvrage. La voici donc à votre disposition dans « **Mon Aide-mémoire pour utiliser le Mac** » conçu principalement pour nos parents qui souhaitent bénéficier pleinement de toutes les fonctionnalités simples et pratiques de leur Mac.

Avec l'ensemble de la collection « **Mon Aide-mémoire** », notre objectif est de vous apporter une aide quotidienne, simple et efficace, afin que vous puissiez bénéficier pleinement de toutes les fonctionnalités de votre ordinateur.

À vos marques, prêt, cliquez !

Xavier Sillon
Fondateur de Famiclic

Table des matières

Votre Mac à la loupe

Pour le confort

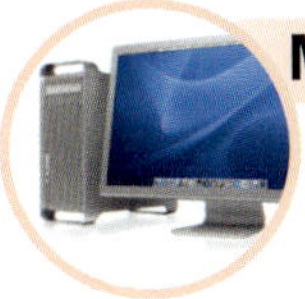

Mon Mac au quotidien

Souris et clavier

Éléments de base

Mes documents

Mail

Loisirs numériques

Imprimante

Dépannage et maintenance

À qui est destiné cet aide-mémoire ?

Vous n'avez jamais utilisé d'ordinateur et vous venez d'acheter votre Mac ? Ou bien vous utilisez un Mac depuis longtemps mais vous avez besoin de réponses simples et pratiques à des questions qui se posent régulièrement ? Cet aide-mémoire est conçu pour vous. À travers une sélection de fiches soigneusement sélectionnées, il vous apporte des solutions simples, sans jargon technique, avec de nombreuses illustrations pour vous aider à tirer parti de votre Mac dans les meilleures conditions.

Que faire en cas de difficultés ?

Vous rencontrez des difficultés dans l'utilisation du Mac ? Commencez par identifier l'origine du problème. Pour cela, le plus important est de garder son calme et d'analyser la situation : est-ce l'écran qui ne fonctionne plus ou le Mac qui est bloqué ? Êtes-vous réellement déconnecté du réseau Internet ? Le dernier chapitre de cet aide mémoire vous aidera à diagnostiquer la situation. Grâce à des renvois, ce chapitre vous redirigera vers les autres fiches de cet aide mémoire qui vous apporteront toutes les explications complémentaires.

Qui est Gabriel, l'auteur de cet aide-mémoire ?

Étudiant en Master d'histoire médiévale à la Sorbonne, **Gabriel Maurisson** est également intervenant Mac pour la société Famiclic. Il transmet dans cet aide-mémoire, l'expérience de plusieurs centaines de rendez-vous effectués auprès de particuliers avec la rigueur et la précision qui caractérisent l'historien.

Votre iMac à la loupe

L'écran ● Il permet d'afficher l'ensemble des applications et documents que contient votre Mac. L'écran du iMac joue aussi le rôle d'unité centrale car il renferme les éléments matériels nécessaires au fonctionnement de l'ordinateur (mémoire, microprocesseur, *etc.*).

Le bouton de démarrage ● C'est ici que vous appuyez pour mettre en marche votre Mac.

Le lecteur/graveur de CD et DVD ● Pour écouter des CD audio, visionner des films sur DVD, graver du contenu sur CD ou sur DVD.

La télécommande ● Elle permet de commander votre Mac pour accéder à des contenus multimédias.

La souris ● Elle sert à « piloter » votre Mac. La souris permet de déplacer le pointeur et d'interagir avec les éléments qui s'affichent à l'écran.

Les prises ● Elles permettent de brancher des périphériques utiles pour tirer parti du Mac.

Le clavier ● Pour écrire tout ce que vous voulez et entrer toutes les données nécessaires au fonctionnement du Mac.

Votre MacBook à la loupe

L'écran

Le lecteur/graveur de CD et DVD

Les ports

Le pavé tactile ● Il remplace la souris : effleurez-le pour déplacer le pointeur de l'écran.

Comment bien positionner mon Mac et mes périphériques de saisie ?

■ Dans cette première fiche consacrée au confort, nous vous proposons de vérifier que votre Mac ainsi que vos périphériques de saisie sont correctement positionnés. Vous éviterez ainsi bien des petits tracas qui pourraient entraver votre utilisation quotidienne du Mac.

Positionnez correctement votre Mac

- Placez l'écran de votre Mac à distance de votre corps. Lorsque vous êtes assis, vos bras ne doivent pas pouvoir le toucher.

- L'écran doit se situer au même niveau que vos yeux. N'oubliez pas que l'écran peut s'incliner. Plus vous regardez l'écran de haut, plus le bas de l'écran doit être proche de vous et inversement.

Le conseil de Gabriel

Si vous regardez un film sur le Mac, il est toujours très pratique de régler l'inclinaison de l'écran.

Positionnez aussi vos périphériques de saisie

- **La souris**. Vous devez pouvoir bouger la souris dans tous les sens et celle-ci doit disposer d'une surface suffisante pour ses déplacements. Il ne faut donc pas la positionner en bout de table ou mettre des objets à côté qui pourraient entraver son déplacement.

Le saviez-vous ?

Les souris fonctionnent mal sur certaines surfaces. Si c'est le cas, achetez un tapis de souris pour résoudre le problème.

- **Le clavier**. Il doit être suffisamment proche de la table afin d'éviter de courber votre dos. Ainsi, vos bras et vos avant-bras doivent former un angle droit lorsque vos doigts sont positionnés sur le clavier.

Pour votre confort quotidien, ne négligez aucun détail.

Comment bien positionner mon Mac portable ?

■ Vous utilisez votre Mac portable dans différents espaces : au bureau, dans n'importe quelle pièce de la maison ou en déplacement. Dans chaque situation, les règles à mettre en œuvre pour bien le positionner varient.

Sachez positionner votre Mac portable sur le bureau

- Placez l'écran de votre Mac à distance de votre corps. Lorsque vous êtes assis, vos bras ne doivent pas pouvoir le toucher.
- L'écran ne peut pas se situer au niveau de vos yeux. Mais vous pouvez incliner l'écran dans sa position la plus relevée ou la plus ouverte suivant les cas. L'objectif est de maintenir votre dos droit.

Sachez positionner votre Mac portable dans le reste de votre maison

- Vous pouvez vous servir de votre Mac portable en le plaçant sur vos genoux. Tenez votre dos bien droit dans le fauteuil afin d'éviter de rester dans une position fatigante.

Le saviez-vous ?

Le dessous du Mac portable peut devenir très chaud. C'est particulièrement vrai l'été. N'hésitez pas à vérifier sa température avant de le poser sur vos genoux !

• Il est également agréable de regarder des DVD dans une pièce où vous ne disposez pas de télévision (voir fiche 81).

Pour le plaisir de tous : le cinéma n'importe où avec votre Mac portable et un bon DVD.

Sachez positionner votre Mac portable lors de vos déplacements

• Placez votre Mac portable sur une surface suffisamment grande pour qu'il soit parfaitement stabilisé.

• Si vous voyagez en avion ou en train, gardez l'une de vos mains positionnée dessus afin d'éviter toutes chutes liées à un arrêt brutal ou une turbulence.

Le saviez-vous ?

Il existe des sacs à dos ou des mallettes spécialement conçus pour protéger des chocs votre Mac portable lors des déplacements.

Comment bien régler la luminosité de mon écran ?

■ L'écran de votre Mac est une source lumineuse puissante. Les précautions que vous prenez habituellement pour bien régler l'écran de votre téléviseur s'appliquent aussi à votre Mac. Soyez donc attentif à la luminosité afin que vos yeux n'aient pas à produire un effort trop important !

Réglez la luminosité de votre écran

• Si vous utilisez un Mac portable, appuyez tout simplement sur la touche **F1** pour baisser la luminosité et **F2** pour l'augmenter. Un indicateur apparaît et vous précise le niveau de luminosité obtenu.

• Sur un Mac fixe, appuyez sur la touche **F14** pour baisser la luminosité et sur **F15** pour l'augmenter.

Le saviez-vous ?

Si vous possédez un Macbook Pro, vous n'avez pas à vous préoccuper de la luminosité. En effet, Apple a intégré dans ce Mac un mécanisme qui adapte automatiquement la luminosité de l'écran.

Adaptez la luminosité

La luminosité de l'écran de votre Mac doit être la plus proche possible de la luminosité ambiante. Pour cela, vous disposez de deux solutions :

• soit vous adaptez la luminosité de votre écran en l'abaissant lorsque la lumière baisse ou en l'augmentant dans le cas contraire ;

• soit vous pouvez modifier la luminosité ambiante en allumant une lampe placée derrière votre écran.

Le saviez-vous ?

En extérieur, il est parfois très difficile de voir ce qui s'affiche à l'écran. La meilleure solution est d'abriter votre écran du soleil en vous plaçant face au soleil ou à l'ombre.

Profitez de votre Mac au grand air, mais sachez vous placer correctement !

Comment bien régler le volume sonore de mon Mac ?

■ Le niveau sonore du Mac est modulable. Voilà qui est très pratique pour écouter confortablement de la musique. Si vous rencontrez des difficultés d'audition, bien des solutions vous sont proposées.

Réglez le volume sonore

• Sur un Mac portable, appuyez sur la touche **F4** pour baisser le volume et sur **F5** pour l'augmenter. Un indicateur vous montre à quel niveau le volume sonore se situe.

• Sur un Mac fixe, appuyez sur la touche **F17** pour baisser le volume et sur **F18** pour l'augmenter.

Le saviez-vous ?

Il existe une touche très pratique pour couper le volume sonore lorsque vous recevez un appel téléphonique. Sur un Mac portable, appuyez sur la touche **F3** ; sur un Mac fixe, appuyez sur la touche **F19**.

Améliorez les réglages du volume sonore

Vous pouvez moduler le volume sonore de chaque haut parleur de votre Mac. Ainsi, votre Mac peut favoriser le haut parleur droit ou gauche si vous entendez mieux d'une oreille que de l'autre.

1 Cliquez sur **Préférences systèmes** dans le **Dock** puis sur **Son**.

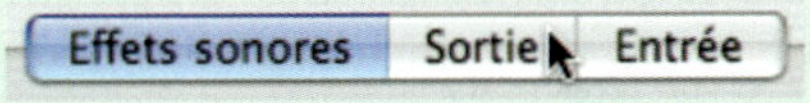

2 Cliquez sur **Sortie**.

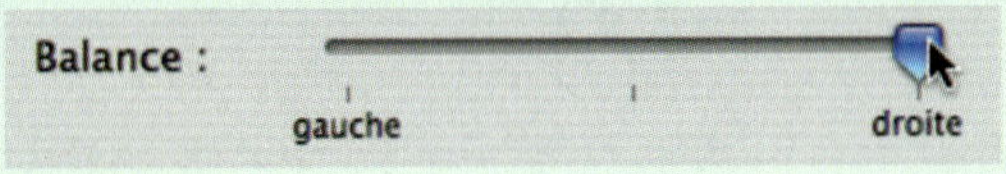

3 Réglez la balance à votre convenance : équilibré, à gauche ou à droite en déplaçant le curseur bleu.

Le conseil de Gabriel

Malgré tous ces réglages, vous continuez à avoir des difficultés pour entendre le son des haut-parleurs de votre Mac ? N'hésitez pas à acheter des enceintes supplémentaires qui vous permettront de régler le volume sonore à un niveau supérieur.

Le saviez-vous ?

Pour ne pas déranger votre entourage, vous pouvez brancher des écouteurs sur la prise audio de votre Mac.

Comment zoomer sur une partie de l'écran du Mac ?

■ Si vous avez des difficultés à lire les informations qui s'affichent à l'écran, il existe une solution très pratique qui fonctionne comme une loupe : le zoom.

Utilisez le zoom

1 Si vous disposez d'un Mac avec une souris Mighty Mouse ou une souris à molette, maintenez enfoncé la touche **Contrôle** et tournez la petite boule ou la molette. Pour les Macs portables, substituez l'action de la molette par un défilement des deux doigts sur le pavé tactile.

2 Si cela ne fonctionne pas, il est alors nécessaire d'activer le zoom. Cliquez sur **Préférences systèmes** dans le **Dock** puis **Accès Universel**.

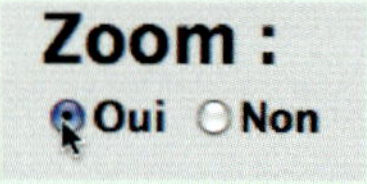

3 Dans la rubrique **Zoom**, cliquez sur **Oui**.

4 Pour l'activer, maintenez les touches **Pomme** et **Contrôle** enfoncées avec la touche **Tiret** pour le zoom *avant* ou la touche **Fermer la parenthèse** pour le zoom *arrière*.

5 Dans tous les cas, plus vous restez longtemps appuyé, plus l'agrandissement devient important. Pour vous déplacer à l'intérieur de cet agrandissement, déplacez votre pointeur.

Le saviez-vous ?

Si vous souhaitez que le zoom demeure en permanence, n'effectuez pas de zoom arrière. Votre Mac gardera le réglage même après une extinction.

Comment agrandir les caractères ?

■ Le zoom est très pratique mais il présente le défaut de faire sortir une partie de l'écran du champ de vision. Très souvent, vous pouvez préférer agrandir les caractères afin de conserver tout l'écran visible.

Comment agrandir un texte dans Mail et Safari

1 Commencez par personnaliser votre barre d'outils en y ajoutant le bouton **Plus petit Plus grand**  (voir fiche 31).

2 Cliquez sur **Plus grand** et le texte s'agrandit.

Le saviez-vous ?

Certains sites Internet intègre la fonction d'agrandissement des caractères dans chacune des pages Web que vous consultez. C'est très pratique. Vous le trouverez le plus souvent au niveau des titres des articles. L'icône peut changer de forme mais elle garde la même logique dans sa représentation.

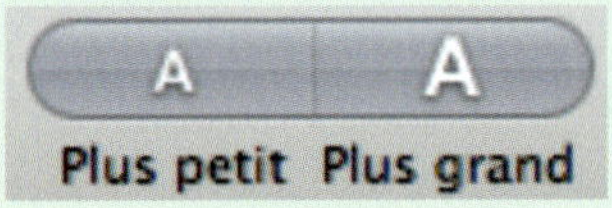

Comment agrandir l'affichage dans les autres applications

La solution se trouve toujours au même endroit dans chaque application. Cependant, les noms des fonctions peuvent changer légèrement. Regardez attentivement la fenêtre et vous la trouverez sans aucune difficulté. Prenons l'exemple d'**iTunes**.

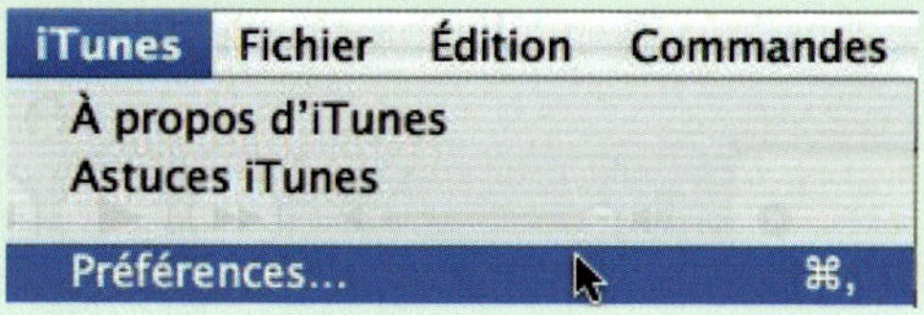

1 Cliquez sur **Préférences** dans le menu **iTunes**.

2 Cliquez sur **Général**.

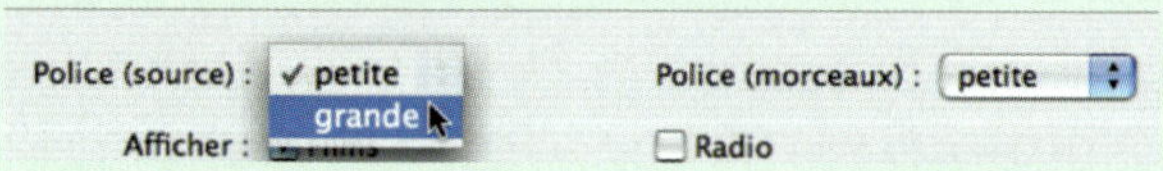

3 Sélectionnez la taille des polices pour la colonne **source** et pour les **morceaux** en cliquant sur les menus déroulants.

Le saviez-vous ?

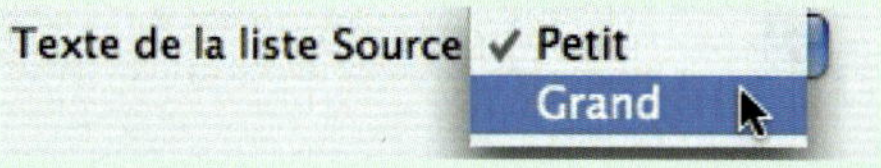

Dans **iPhoto** , la personnalisation de la taille des caractères n'est pas dans l'onglet **Général** mais dans **Affichage** . En bas de la fenêtre, cliquez sur le menu déroulant **Texte de la liste source**.

Le Quiz de Gabriel

Et maintenant, un petit quiz pour tester vos connaissances !

1 La luminosité de mon écran doit être :

1 modulée suivant la lumière environnante
2 toujours réglée au maximum
3 jamais modifiée

2 Si je ne vois pas bien les informations qui s'affichent à l'écran, je dois :

1 acheter une loupe
2 activer la fonction Zoom
3 activer le grossissement des caractères

3 Quand j'utilise mon Mac portable dans le train, je dois :

1 ouvrir aucune application
2 ne pas utiliser le Dock
3 garder une main sur l'ordinateur

4 Lorsque je travaille avec mon Mac, mon dos doit être :

1 courbé
2 droit
3 vrillé

Réponses

1 = 1 ; 2 = 2-3 ; 3 = 3 ; 4 = 2

Quelle quantité de données puis-je stocker sur mon Mac ?

■ Difficile de ne pas vous poser des questions sur la quantité de données que votre Mac peut contenir, c'est normal. Il faut d'abord vous familiariser avec les mesures utilisées habituellement en informatique.

Pour exprimer la capacité de stockage d'un ordinateur, l'unité de mesure utilisée est le kilo octet (Ko). Il vous faut savoir aussi que :

1 000 Ko = 1 Mega octet (Mo)

1 000 Mo = 1 Giga octet (Go)

L'espace de stockage disponible

La capacité de stockage du disque dur du Mac varie entre les Mac portables et les Mac fixes. En outre, l'année de son achat est aussi très importante. Aujourd'hui, un Mac portable offre en moyenne 50 Go d'espace disponible pour l'utilisateur, un Mac fixe 150 Go. Cette capacité restante est indiquée dans la fenêtre du Finder en bas, au centre.

14 éléments, 129,32 Go disponibles

Ce que vous pouvez stocker sur votre Mac

Il ne faut jamais que le chiffre montré ci-dessus descende en dessous de 5 Go pour un Mac portable et 10 Go pour un Mac fixe. Mais il est très difficile d'y parvenir. En effet :

Le « poids » d'un fichier dépend du type auquel il appartient. Voici quelques exemples pour donner des ordres de grandeur :

Un e-mail sans pièce jointe	5 Ko
Un document texte d'une page	25 Ko
Une photographie numérique	1,5 Mo (1 500 Ko)
Un morceau de musique	3 Mo (3 000 Ko)
Un film sur DVD	Entre 4 et 8 Go (4 000 à 8 000 Ko)

Si vous disposez d'un Mac portable, vous pouvez par exemple stocker environ 6 000 photographies numériques et 3 000 morceaux de musique (soit un total d'environ 18 Go). Sur un Mac fixe, vous pouvez en stocker 6 fois plus !

Le conseil de Gabriel

Votre Mac va vous permettre de classer, ranger et rechercher dans vos données. Si, pour des raisons de place, il vous était impossible de conserver la totalité des versions physiques de vos photographies, lettres et disques musicaux, pourquoi les jeter maintenant qu'ils sont en version numérique sur votre Mac ?

Grâce au Mac, vous pouvez conserver une plus grande partie de vos données et c'est très bien. Ainsi, dans 10 ans, vous aurez la possibilité par exemple de revoir l'ensemble des e-mails que l'on vous a envoyés pour vous souhaiter une bonne année.

Que faire lorsque j'ai fini de me servir de mon Mac ?

Après quelques minutes ou quelques heures d'utilisation, vous arrêtez de vous servir du Mac pour passer à une autre activité. Pour cela, selon les cas, vous allez procéder de différentes façons.

Arrêtez temporairement le Mac

Si vous souhaitez vous resservir de votre Mac au cours de la journée, il suffit de **Suspendre l'activité**. La procédure diffère selon que votre Mac est un Mac fixe ou un Mac portable.

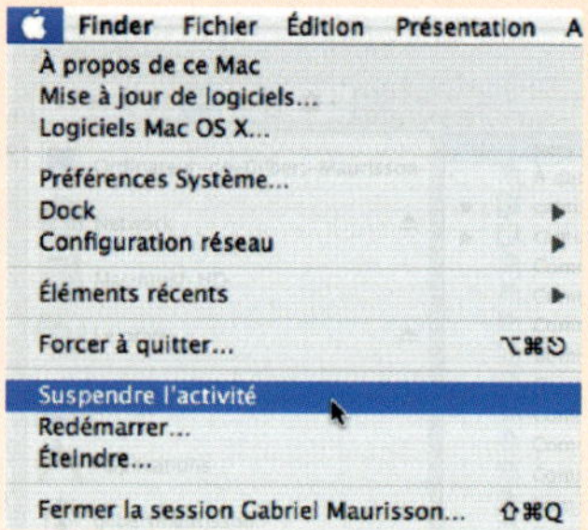

- Les Mac fixes se mettent en veille en utilisant le menu **Pomme** , en haut à gauche de l'écran. Cliquez dessus puis cliquez sur **Suspendre l'activité**. Par la suite, pour réveiller votre Mac, cliquez une fois à l'aide de la souris.

- Les Mac portables se mettent en veille en fermant l'écran. Pour sortir de veille votre Mac portable, redressez tout simplement l'écran.

Pour le mettre en veille, fermez l'écran du Mac portable... si rien ne s'y oppose !

Arrêtez définitivement le Mac

Lorsque vous ne souhaitez plus vous servir de votre Mac pendant une période de temps plus longue (plus de deux heures), il est alors préférable de l'éteindre.

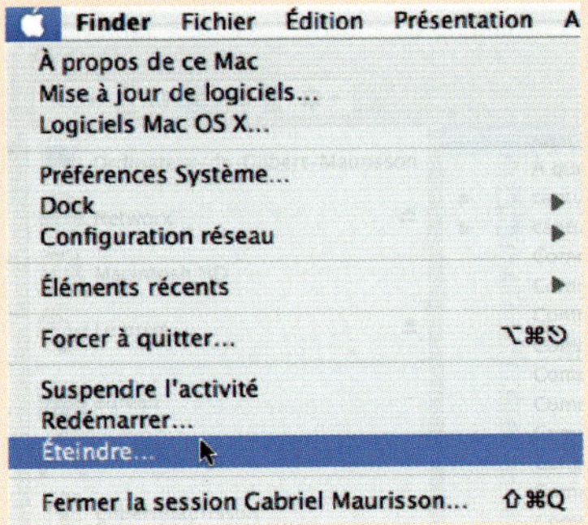

1 Cliquez sur le menu **Pomme** en haut à gauche de l'écran, puis cliquez sur **Éteindre**.

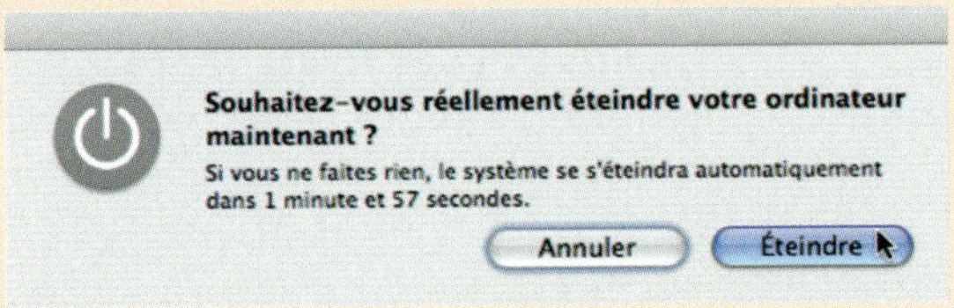

2 Une nouvelle fenêtre apparaît pour confirmer l'extinction du Mac. Si vous êtes certain de vouloir l'éteindre, cliquez alors sur le bouton **Éteindre**. Si vous changez d'avis, cliquez sur le bouton **Annuler**. Après deux minutes, votre Mac s'éteindra.

Le saviez-vous ?

Si vous appuyez une fois sur la **Touche de démarrage**, un menu va vous proposer de mettre votre Mac en veille ou de l'éteindre.

Le conseil de Gabriel

En cas de fortes chaleurs (plus de 30 degrés), soyez vigilant. En effet, la ventilation de votre Mac ne peut pas toujours maintenir la bonne température. Il vaut donc mieux l'éteindre dès que vous avez fini de vous en servir.

Comment me servir des prises disponibles sur mon Mac ?

■ Au coeur de la maison, l'ordinateur est de plus en plus le centre des activités de loisirs numériques et de communications. Pour en profiter pleinement, il est nécessaire de brancher un certain nombre d'appareils (imprimante, appareil photo numérique, iPod, *etc.*) Les prises disponibles sur le Mac sont là pour cela !

Les différentes prises du Mac

Sur les Mac fixes, elles se situent derrière l'écran. Sur les Mac portables, on les trouve sur la tranche gauche de l'appareil.

1 Les prises USB. On les reconnaît facilement grâce au dessin de harpon qui les symbolise. Elles servent à connecter les dispositifs périphériques les plus fréquents.

Le saviez-vous ?

Il existe parfois des prises **USB** supplémentaires bien pratiques. Ainsi, si votre Mac portable appartient à la gamme pro d'Apple, vous disposez alors d'une prise **USB** sur la tranche droite du Mac. Sur les Mac fixes, il en existe aussi deux sur le clavier. La première sert pour la souris tandis que la seconde permet de connecter tout appareil ne nécessitant pas d'électricité lors de la connexion (appareil photo, imprimante).

2 Les prises Firewire. Elles ont une forme qui les distingue bien des ports **USB** et sont utilisées pour brancher certains disques durs et caméscopes numériques.

3 Les prises réseaux. À gauche, la prise **Éthernet** sert à se connecter à Internet en haut débit (ce qui correspond à la plupart des connexions actuelles). À droite, le port **Modem** permet de se connecter en bas débit.

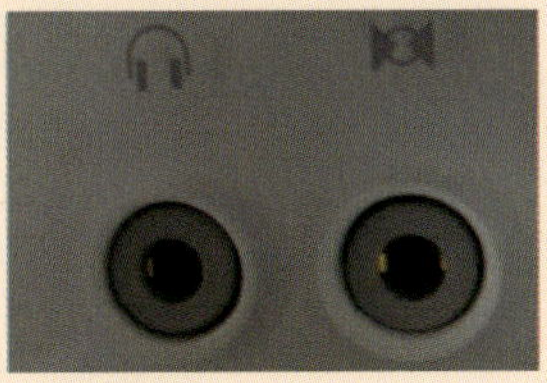

4 Les prises audio. À gauche, la **sortie son** est symbolisée par un casque. Elle permet de brancher des écouteurs pour écouter de la musique ou la bande son d'un film sur votre Mac. À droite : **l'entrée son** peut servir, par exemple, à importer sur votre Mac de la musique provenant de disques vinyles.

5 La prise de sortie vidéo Mini DVI. Elle permet de connecter au Mac un autre écran d'ordinateur.

Le conseil de Gabriel

Si vous ne pouvez pas connecter tous vos périphériques parce que vous ne disposez pas de suffisamment de prises **USB** sur votre Mac, il existe une solution très simple : le hub **USB**.

Un hub, c'est exactement comme la multi prise électrique qui vous permet d'alimenter simultanément plusieurs appareils. Vous branchez le Hub sur une prise **USB** du Mac, et ensuite vous pouvez connecter sur ce hub quatre ou six périphériques **USB**.

Branchez facilement un câble sur une prise USB

Pour savoir dans quel sens brancher un câble sur une prise USB, il y a deux éléments utiles.

1 La forme de la prise vous guide utilement.

2 Vous pouvez voir des signes sur le bout du câble (la fiche) pour vous aider. Ainsi, sur les câbles **USB**, vous devez voir un harpon sur le haut de la fiche lorsque vous le connectez.

Comment nettoyer mon Mac ?

■ Les Macs sont particulièrement salissants en raison de leurs couleurs vives. Vous souhaiterez donc rapidement nettoyer votre propre Mac. Mais, lors de cette opération, certaines précautions sont bonnes à prendre pour éviter de l'endommager.

Nettoyez votre Mac

1 Tout d'abord, il vous faut acheter des produits pour nettoyer les ordinateurs (lingettes spéciales, antistatiques et sans colorant) et les écrans (en bombes aérosol à vaporiser sur un chiffon de nettyage). En aucun cas, vous ne devez utiliser d'autres produits pour l'écran, car ceux-ci pourraient laisser des traces définitives.

2 Éteignez votre Mac (voir fiche n° 8).

3 Nettoyez d'abord votre écran puis les parties en plastique.

4 Sur le clavier, afin de nettoyer les zones entre les touches du clavier, appliquez du produit pour le plastique sur un coton-tige et passez le délicatement entre elles.

5 Une fois l'opération terminée, rallumez votre Mac.

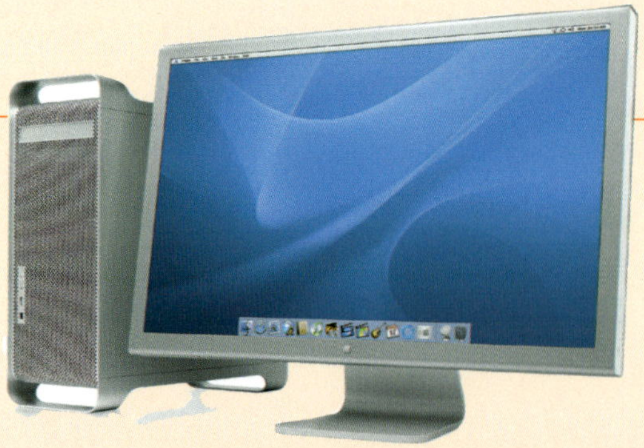

Un peu d'entretien régulier et votre Mac sera comme neuf

Comment économiser la batterie de mon Mac portable ?

■ Votre Mac portable peut fonctionner sans être branché à l'électricité. Il existe quelques astuces pour réussir à prolonger l'autonomie de la batterie lors de déplacements. Cette fiche vous permettra de doubler l'autonomie de 2 heures à plus de 4 heures.

Comment utiliser longtemps votre Mac sur batterie

1 Avant de quitter votre domicile avec votre Mac, n'oubliez pas de vérifier que la batterie est complètement chargée. Une petite icône vous l'indique en haut à droite de l'écran.

2 Transportez votre Mac éteint. En effet, même en veille, il utilise de l'énergie pour fonctionner.

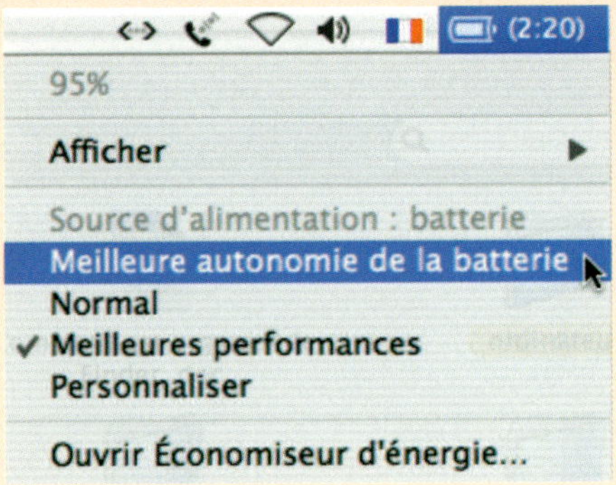

3 Après avoir allumé votre Mac, une icône vous signale le temps restant pour la batterie. Cliquez dessus puis sur **Meilleure autonomie de la batterie**.

4 Mais, pour préserver la batterie le plus longtemps possible, le plus efficace reste d'abaisser la luminosité de l'écran. Fixez là en dessus de 7 carrés (voir fiche n° 3).

Le conseil de Gabriel

Attention ! Une batterie d'ordinateur n'est pas différente d'une batterie de voiture. Si vous ne la sollicitez jamais, elle se décharge et finit par ne plus fonctionner. Il est donc nécessaire d'utiliser votre Mac sur batterie même lorsque si c'est pour l'utiliser à la maison.

Le saviez-vous ?

Si votre batterie ne fonctionne plus du tout, il est alors possible de la remplacer par une batterie neuve. Cependant, cette pièce coûte assez chère, entre 100 et 150 euros. Si votre Mac portable a plus de quatre ans, il est préférable de conserver cet argent pour acheter un nouveau Mac.

De quelle manière plusieurs personnes peuvent utiliser le même Mac ?

■ Partager un seul et même Mac entre plusieurs utilisateurs n'est pas très pratique pour préserver la confidentialité des données de chacun. Il existe une solution très pratique pour contourner ce problème : créer plusieurs « comptes utilisateurs ». C'est exactement comme si vous utilisiez de plusieurs Mac. Chacun dispose de son propre bureau, de ses logiciels avec ses données personnelles.

Créez un nouveau compte

1 Cliquez sur **Préférences systèmes** dans le **Dock**.

2 Cliquez sur **Comptes** .

3 Appuyez sur le cadenas en bas à gauche de la fenêtre.

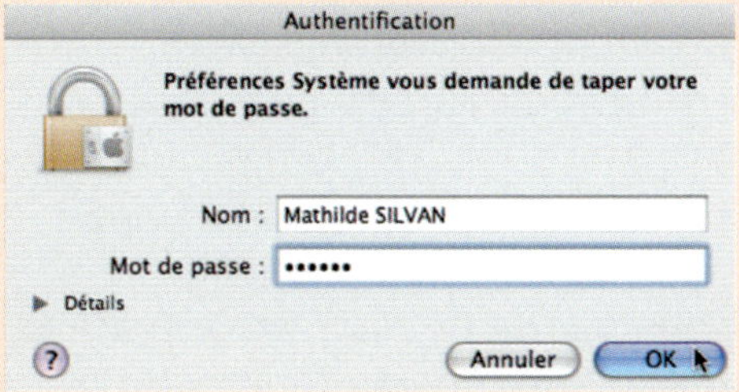

4 Entrez votre mot de passe et cliquez sur **OK**.

5 Cliquez sur le plus en bas à gauche de la fenêtre.

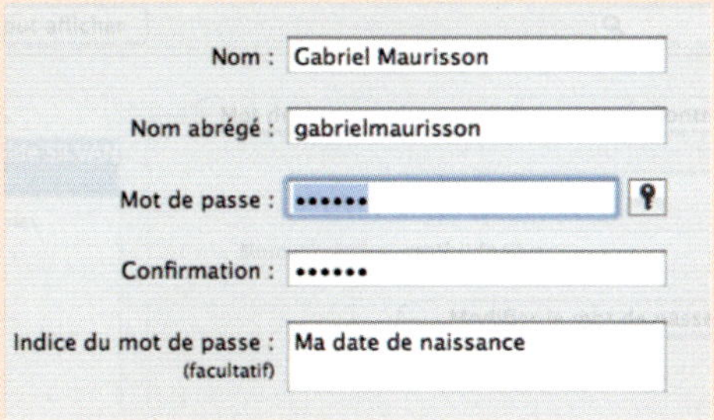

6 Remplissez les champs **Nom**, **Mot de passe** et **Indice du mot de passe**.

7 Cliquez sur **Créer le compte**.

Le saviez-vous ?

Vous pouvez autoriser le nouveau titulaire à administrer le Mac. Cela signifie que cette personne peut installer des applications et modifiées les réglages.

Paramétrez les options

1 Cliquez sur **Options** 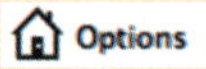

en bas à gauche de la fenêtre.

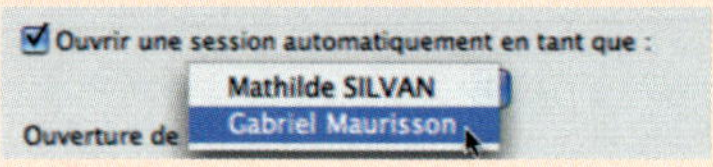

2 Par défaut, le Mac vous demandera quel compte vous voulez ouvrir au démarrage. Si vous souhaitez qu'il ouvre un compte automatiquement, cochez **Ouvrir une session automatiquement** et sélectionnez le compte.

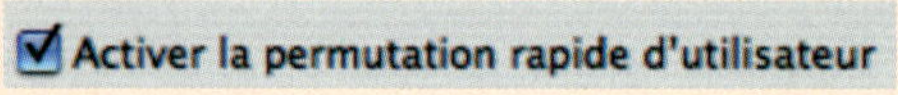

3 En bas de la fenêtre, une autre option vous permet de passer d'un compte vers un autre très facilement. Cochez **Activez la permutation rapide d'utilisateur**.

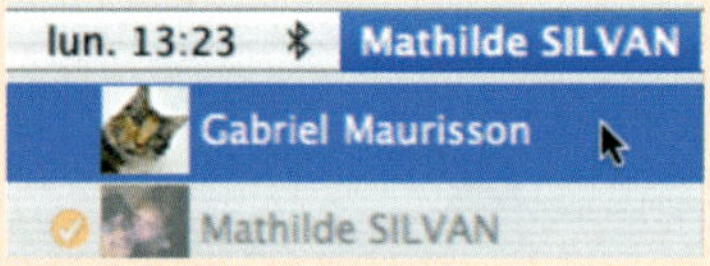

4 Cliquez sur **OK** dans la fenêtre qui vous demande de confirmer votre choix.
En haut à gauche de l'écran, est apparu un nouveau menu pour passer d'un compte vers un autre.

Le conseil de Gabriel

Pour éteindre le Mac, il faut que tous les comptes soient fermés. Lorsqu'un utilisateur a fini de se servir de son compte, il doit cliquer sur **Fermer la session** dans le menu **Pomme**.

Comment mettre en place un contrôle parental simple et efficace ?

Le contrôle parental permet de contrôler l’utilisation du Mac que font les enfants. Ainsi, vous les protégez contre les dangers d’Internet et vous évitez qu’ils fassent des erreurs de manipulation sur vos propres données. Le contrôle parental, c’est un peu comme le parc pour les enfants en bas âge.

Mettez en place le contrôle parental

La seule solution vraiment efficace est de créer un compte utilisateur spécifique pour l’enfant.

1 Créez un nouveau compte sans donner l’autorisation d’administrer le Mac (voir fiche n° 12).

2 Après l’avoir créé, sélectionnez dans la colonne de droite.

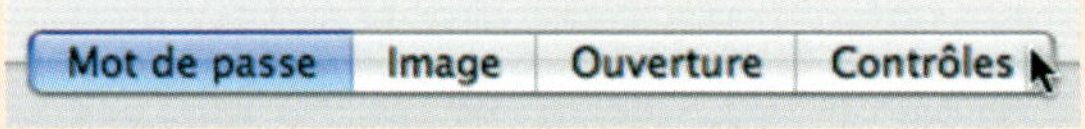

3 Cliquez sur **Contrôles** dans la barre en haut de la fenêtre.

Avec le contrôle parental, vous pourrez, en toute sérénité, laisser vos enfants profiter du Mac.

Configurez le contrôle parental

1 Pour activer le contrôle sur une des catégories proposées, cochez le carré sur la gauche.

2 Cliquez sur **Configurer**. Une fenêtre s'ouvre pour paramétrer le contrôle parental.

Mail. Vous pouvez restreindre la liste des personnes susceptibles d'envoyer des messages à l'enfant.

1 Cliquez sur le plus pour ajouter une adresse autorisée.

2 La fonction **Envoyer des courriers électroniques de permission** permet de définir un e-mail où vous pourrez autoriser l'envoi de message à d'autres correspondants.

3 Cliquez sur **OK**.

Finder et système. Cette fonction permet de limiter les possibilités de l'utilisation du Mac par l'enfant.

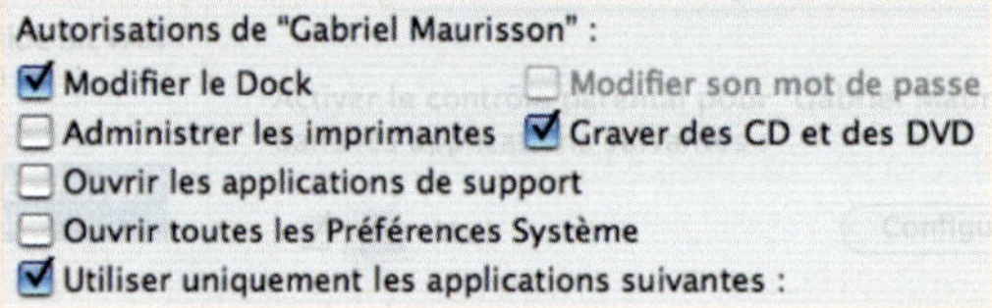

1 En cochant les cases de la rubrique **Autorisations de**, vous donnez la possibilité à l'enfant d'agir. Les réglages ci-dessous sont ceux que nous vous conseillons.

2 La dernière option est très importante car elle vous permet d'interdire l'accès à des applications. Utilisez le cadre en dessous pour définir les applications autorisées ou non. Un clic sur le triangle gris ▶ vous donne accès à la liste complète des applications.

Le saviez-vous ?

Pour limiter au maximum les possibilités de l'enfant, cliquez sur **Finder simplifié** en haut à droite de l'écran.

Safari. Le contrôle parental permet de limiter la navigation Web à un certain nombre de sites Internet. C'est très important pour protéger l'enfant contre les contenus adultes qui pullulent sur Internet.

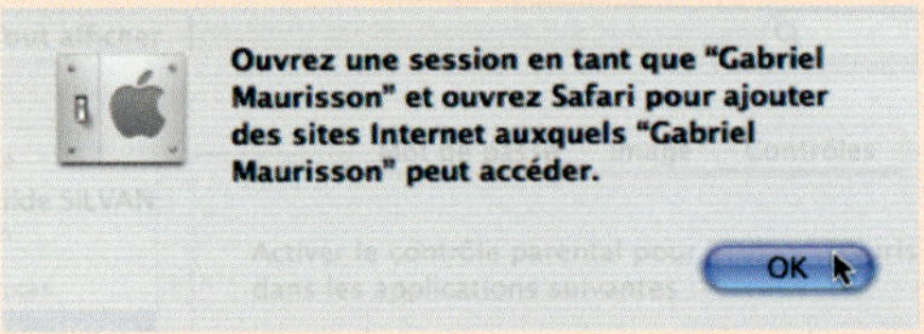

1 Une fenêtre vous indique qu'il faut ouvrir la session de l'enfant. Cliquez sur **OK**.

2 Allez dans la session de l'enfant, puis cliquez sur **Safari**.

3 Ajoutez des signets (voir fiche 67). Cependant, Le Mac vous demandera alors votre nom d'utilisateur et votre mot de passe.

4 Fermez la session.

Le saviez-vous ?

Les rubriques pour **iChat** et **Dictionnary** sont beaucoup moins utiles. En effet, le dictionnaire est en anglais. **iChat** permet de dialoguer avec d'autres personnes mais le système est très peu utilisé en dehors des possesseurs de Mac.

Le Quiz de Gabriel

Et maintenant, un petit quiz pour tester vos connaissances !

1 Avec mon Mac portable, je dispose d'une autonomie de la batterie de :

1 30 à 45 minutes

2 2 à 4 heures

3 9 heures

2 Pour nettoyer l'écran de mon Mac, je dois utiliser :

1 du produit vaisselle

2 ma main

3 un produit spécifique pour les écrans

3 Si je ne dispose pas de suffisamment de prises USB sur mon Mac :

1 j'achète des fils USB

2 je n'ai pas de solution

3 j'achète un hub USB

4 Le contrôle parental permet de limiter le nombre d'applications accessibles à l'enfant :

1 Vrai

2 Faux

Réponses

1 = 2 ; 2 = 3 ; 3 = 3 ; 4 = 1

Comment bien utiliser ma souris ?

La souris est indispensable au maniement du Mac. À l'image du volant dans votre voiture, sans elle, rien n'est possible avec votre Mac.

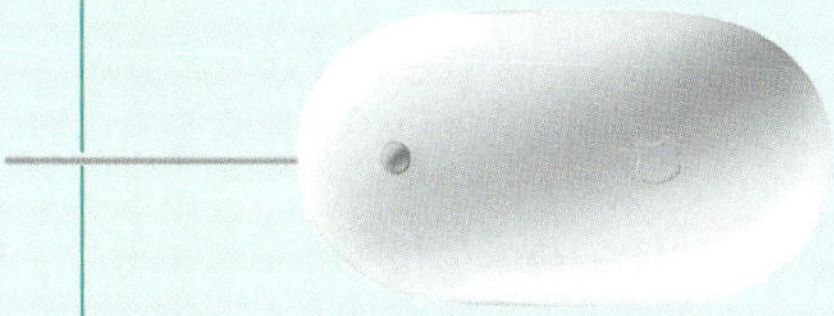

Pour bien utiliser votre Mac, commencez par maîtriser la souris...

Comment bien prendre en main votre souris

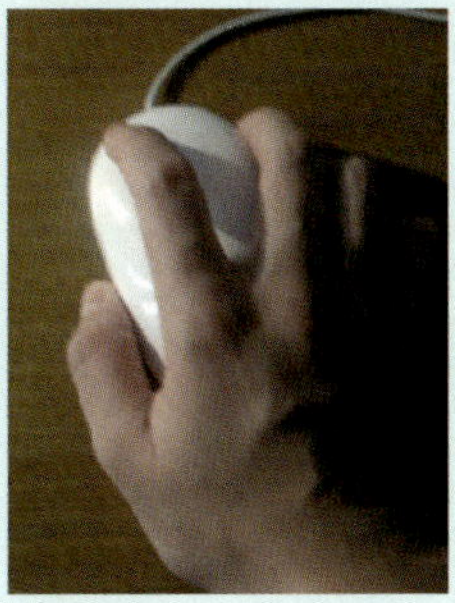

Lorsque vous prenez en main votre souris, le majeur doit être placé sur la partie gauche de la souris et ne pas en dépasser l'extrémité. Le poignet repose sur la table, évitant les déplacements incontrôlés. Ainsi, vous tenez bien en main la souris et évitez toute fatigue.

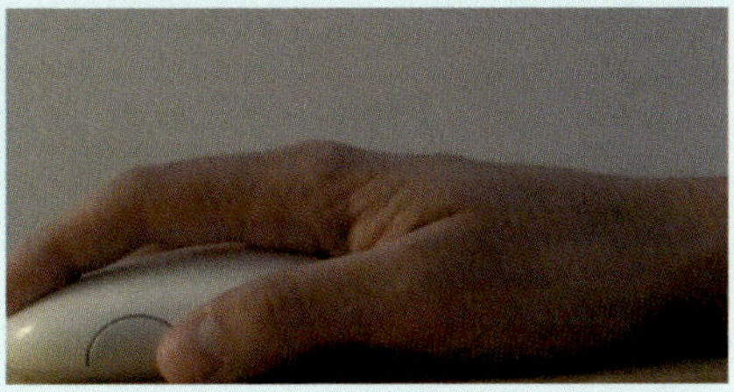

Bien comprendre le rôle du pointeur

La souris permet de déplacer le pointeur à l'écran. Celui-ci est symbolisé le plus souvent par une flèche .

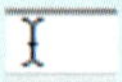

Lorsque le pointeur se situe dans une zone où vous pouvez écrire, il se transforme en une petite barre verticale I.

Comment déplacer le pointeur

- Faites glisser la souris vers la direction souhaitée et le pointeur se déplace à l'écran.
- Plus vous déplacez la souris sur une longue distance, plus le pointeur parcourt d'espace sur votre écran.
- La rapidité avec laquelle vous déplacez la souris influe également sur la distance parcourue par le pointeur.

Comment produire des actions efficacement à l'aide de ma souris ?

Le déplacement de la souris ne suffit pas à réaliser des actions sur le Mac, il est nécessaire de cliquer. La souris fonctionne comme votre voiture : le volant permet de la diriger et les pédales d'accélérer.

Comprendre l'action de cliquer

Si vous déplacez la souris sans cliquer ensuite à l'aide du bouton, vous ne provoquerez aucune action. Le bouton qui permet de cliquer n'est pas visible sur les souris Apple. Il est situé à l'avant de la souris. Cependant, ce bouton permet de cliquer soit une fois, soit deux fois à intervalles proches. Le plus souvent un simple clic suffit à produire une action.

Le conseil de Gabriel

« Je déplace mon curseur et je clique » : voilà le tempo à ne pas oublier !

Quand cliquer une fois, quand cliquer deux fois ?

Le double clic est nécessaire lorsqu'un élément peut être sélectionné sans qu'il soit nécessaire de l'ouvrir. Voici les cas où vous devez double cliquer :

- Sur le Finder, pour consulter un fichier ou un dossier, sauf en mode liste.
- Dans les applications, pour consulter les fichiers qui y sont stockés : e-mail, musique, photographie.

Effectuez un glisser-déposer

Pour déplacer un élément, effectuez un glisser-déposer.

1 Placez le pointeur au-dessus de l'élément.

2 Appuyez sur le bouton de la souris et maintenez le enfoncé.

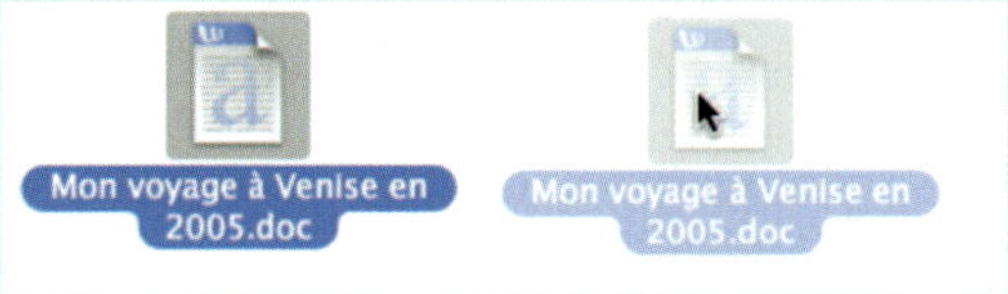

3 Ensuite, déplacez le pointeur jusqu'à sa destination finale. L'élément déplacé apparaît en transparence à l'écran.

4 C'est seulement une fois que vous avez fini de déplacer l'élément que vous pouvez relâcher le bouton.

C'est exactement comme lorsque vous déplacez un objet avec votre main, vous la maintenez fermée tant que vous n'avez pas achevé votre action. Cette action sera désignée dans cet « Aide-mémoire » sous le terme usuel de **glisser-déposer**.

Comment bien régler ma souris ?

Sur votre Mac, la souris sert à tout moment. Si elle ne fonctionne pas comme vous le souhaitez, vous pouvez changer son comportement.

Réglez votre souris

Les réglages ci-dessous concernent la « Mighty mouse », la souris la plus répandue sur Mac. Cependant, même si vous utilisez une souris différente, le descriptif vous permet de configurer votre souris.

1 Cliquez sur **Préférences systèmes** dans le **Dock** puis sur l'icône **Clavier et Souris** .

2 Puis, cliquez sur l'onglet **Souris** en haut, au centre de la fenêtre. Chaque bouton de la souris est personnalisable. Cependant, si vous débutez, configurez les boutons comme montré sur l'image ci-dessous afin d'éviter les fausses manœuvres.

C'est quoi ça ?

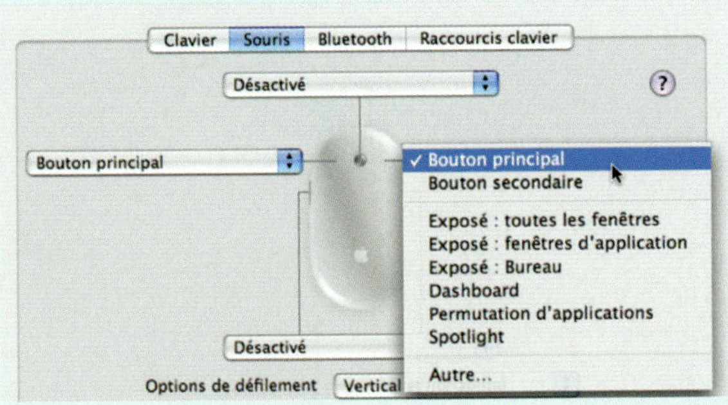

Le bouton secondaire est le bouton de droite de la souris. Il n'est traditionnellement pas utilisé sur Mac. Grâce à lui, vous accédez à un menu contextuel, c'est-à-dire à un menu qui change selon l'endroit où vous cliquez. Il n'est jamais indispensable. D'ailleurs, la totalité des actions décrites dans cet « Aide-mémoire » peut se réaliser sans y recourir.

3 Les trois curseurs **Déplacement**, **Défilement** et **Double-clic** permettent d'établir la vitesse de ces différents paramètres. Ainsi, si vous rencontrez des difficultés à double cliquer, rapprochez le curseur bleu de **Lente**. Effectuez un glisser-déposer afin de déplacer le curseur.

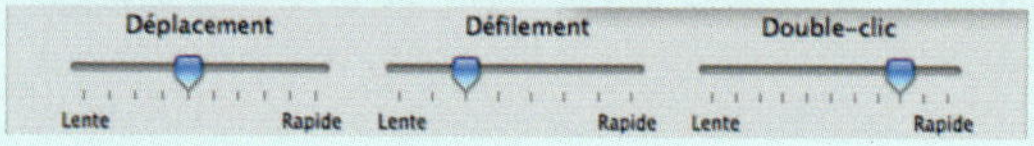

C'est le même principe pour la vitesse de déplacement du curseur à l'écran et le défilement à l'aide de la molette.

4 Fermez la fenêtre des **Préférences systèmes** en cliquant en haut à gauche sur le bouton rouge.

Je ne vois pas le pointeur de ma souris à l'écran : que faire ?

Le pointeur de la souris est parfois bien difficile à trouver sur l'écran de votre Mac. Cela peut devenir aussi agaçant que de devoir retrouver vos clés tout juste avant de quitter votre domicile !

Retrouvez le pointeur de la souris

1 Regardez attentivement l'écran du Mac.

2 Si vous ne repérez pas le pointeur, déplacez la souris vers la droite puis vers la gauche. Vous devriez ainsi pouvoir le retrouver.

Le saviez-vous ?

Le pointeur est quasiment invisible à l'œil nu lorsqu'il se trouve à l'une des extrémités de l'écran.

Sachez grossir le curseur

Si vous rencontrez régulièrement des difficultés pour localiser le pointeur à l'écran, la meilleure solution est de le grossir.

Sachez adapter la taille du curseur à votre vue !

1 Cliquez **Préférences systèmes** dans le **Dock**.

2 Cliquez **Accès Universel**.

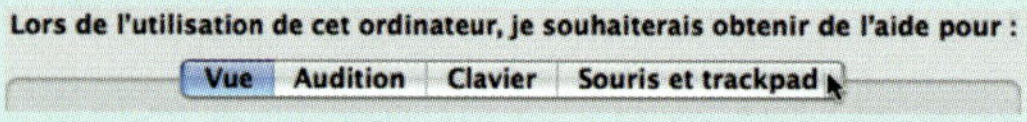

3 En haut à droite, cliquez **Souris et trackpad**.

4 En bas de la fenêtre, la ligne **Taille du curseur** permet de le grossir. Effectuez un glisser-déposer sur le bouton vers la droite afin de le grossir à votre convenance. Plus il est à droite, plus sa taille sera importante.

5 Fermez la fenêtre des **Préférences systèmes** en cliquant en haut à gauche sur le bouton rouge.

Comment bien utiliser les touches de mon clavier ?

Bien connaître le clavier est indispensable pour se servir facilement de votre Mac. Mieux vous le visualiserez et comprendrez sa logique d'organisation, plus vous gagnerez du temps lorsque vous écrirez un e-mail ou une lettre. S'il n'est pas très différent d'un clavier de machine à écrire, il dispose de fonctions supplémentaires.

Localisez les touches sur le clavier

- Les touches de l'alphabet sont disposées sur le clavier pour faciliter la frappe. Si vous ne trouvez pas les touches, faites l'effort d'observer votre clavier tous les jours deux minutes avant d'allumer votre Mac. En effet, il n'existe pas d'autres solutions que de l'apprendre par cœur.

Sachez consacrer un peu de temps à observer votre clavier…

- Les touches de ponctuation sont réparties en haut et en bas du clavier suivant leur position en bas ou en haut des lettres.

- Les touches qui permettent de sortir d'un mode sont situées à l'extrémité gauche et droite du clavier. À gauche, la touche **Esc** permet de sortir d'un mode plein écran. À droite, la touche **Éjecter** permet d'éjecter un disque inséré dans votre Mac.

Le saviez-vous ?

La touche accent circonflexe fonctionne de la manière suivante : appuyez d'abord sur l'accent puis sur la lettre voulue.

Éditez un texte

- La touche pour obtenir un espace est la barre d'espacement, en bas au centre du clavier.

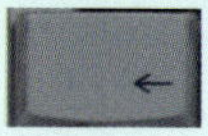

- La touche **Effacer** se situe en haut à droite de votre clavier.

- La touche pour aller à la ligne est la touche **Entrée** à gauche du clavier.

Le saviez-vous ?

Dès qu'un bouton est bleuté, vous pouvez utiliser la touche **Entrée** pour valider votre choix. Elle remplace alors le déplacement de la souris et le clic sur ce bouton.

- Les majuscules peuvent être réalisées en appuyant sur la touche **Majuscule** et la lettre voulue. Si vous souhaitez taper un texte en majuscule, appuyez sur la touche **Majuscule permanente**. Sur le clavier, une un témoin lumineux vous indique lorsque la touche est activée.

Actionnez une touche du clavier secondaire

Certaines touches du clavier servent à saisir deux lettres différentes. La lettre du bas est toujours celle qui s'inscrit lorsque vous utilisez le clavier sans touche additionnelle. Pour obtenir celles qui sont placées en haut :

1 Maintenez appuyée la touche **Majuscule**.

2 Appuyez sur la touche souhaitée.

Le conseil de Gabriel

Si vous tapez sur le clavier et si rien ne se passe, vérifiez si la touche de verrouillage numérique située en haut du clavier (**F6**) n'est pas allumée. En effet, elle désactive le reste du clavier pour n'activer que les chiffres qui sont indiqués en gris à gauche de certaines touches du clavier.

Comment bien utiliser le pavé tactile de mon Mac portable ?

■ Si vous utilisez un Mac portable, vous ne disposez pas d'une souris mais du pavé tactile pour diriger le pointeur. Il fonctionne de manière légèrement différente de la souris.

Sachez utiliser le pavé tactile

Le pavé tactile est très pratique parce qu'il vous permet de travailler uniquement sur le Mac sans devoir trouver de la place pour la souris à droite ou à gauche. Ainsi, vous pouvez l'utiliser dans le train ou sur vos genoux sans difficulté.

Le pavé tactile est scindé en deux parties. En haut, la partie pour diriger le pointeur et en bas la partie pour cliquer. C'est donc une situation inversée par rapport à la souris.

1 Positionnez votre main en plaçant l'auriculaire sur la partie haute et votre pouce sur la partie basse.

2 Pour déplacer le pointeur, glissez l'auriculaire sur la partie haute. La vitesse du déplacement de votre doigt détermine l'espace que le curseur va parcourir à l'écran.

3 Pour cliquer, utilisez votre pouce.

Des difficultés d'utilisation ?

Si après avoir mis en pratique le premier paragraphe, vous n'arrivez pas à déplacer correctement le pointeur, les causes peuvent être diverses.

- Vous ne devez poser qu'un seul doigt sur la partie tactile. Si vous utilisez deux doigts en même temps, le pointeur ne se déplacera pas.

● Si vous avez les mains quelque peu humides ou grasses (crèmes...), le pavé tactile fonctionnera mal. Il vous faut alors vous laver les mains et les sécher. Pensez également à passer un mouchoir sur le pavé tactile pour enlever les traces qui ont pu s'y déposer.

Réglez votre pavé tactile

De la même manière que la souris (voir fiche 15), vous pouvez régler le pavé tactile à votre convenance.

1 Cliquez **Préférences systèmes**  dans le **Dock** puis sur l'icône **Clavier et Souris** .

2 Cliquez sur l'onglet **Trackpad** (pavé tactile en anglais) en haut, au centre de la fenêtre.

Vous pouvez déterminer la vitesse de déplacement du pointeur et la vitesse du double clic. Effectuez un glisser-déposer sur le curseur bleu vers la gauche (ralentir) ou la droite (accélérer).

3 Désactivez le **Clic** de **Gestes Trackpad**. En effet, si cette option est activée dès que vous appuyez un peu fort sur la partie tactile, il se produit un clic de souris. C'est une source de fausses manœuvres inutiles.

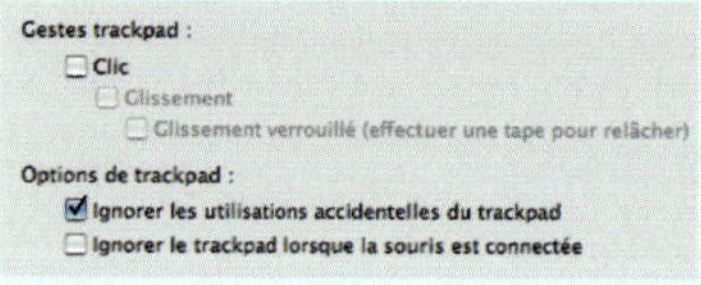

4 D'autre part, dans **Options de Trackpad**, vous pouvez désactiver le pavé tactile lorsqu'une souris est connectée. C'est très pratique si vous utilisez beaucoup le **clavier**, le pavé tactile pouvant être alors gênant.

Le conseil de Gabriel

Vous n'êtes pas à l'aise dans utilisation du pavé tactile ? Alors pourquoi ne pas utiliser une souris ? Vous pouvez très facilement en acheter une dans tous les magasins d'informatique.

5 Fermez la fenêtre des **Préférences systèmes** en cliquant en haut à gauche sur le bouton rouge.

Le Quiz de Gabriel

Et maintenant, un petit quiz pour tester vos connaissances !

1 Pour produire une action sur le Mac, je déplace ma souris et :

1. je lève ma souris
2. j'appuie sur la touche Entrée
3. je clique

2 Le clavier secondaire s'active à l'aide de :

1. la souris
2. la touche Majuscule
3. la touche Esc

3 Le pointeur a toujours la même forme :

1. vrai
2. faux

4 Le pavé tactile nécessite que vos doigts soient :

1. Mouillés
2. Secs
3. Petits

Réponses

1 = 3 ; **2** = 2 ; **3** = 2 ; **4** = 2

Qu'est ce que le bureau du Mac ?

■ Le bureau de votre Mac est à l'image du plan de travail de votre propre bureau. C'est sur le bureau que vous posez et rangez les différentes piles de documents afin d'y accéder et les modifier à tout moment.

Localisez le Bureau

● Au démarrage du Mac, le bureau est matérialisé par le fameux fond d'écran bleu, avec le dossier Macintosh HD.

● Cependant, vous pouvez aussi accéder au bureau en ouvrant une nouvelle fenêtre du **Finder**. Pour cela, cliquez sur son icône dans le **Dock**. Dans la nouvelle fenêtre, vous retrouvez un dossier intitulé **Bureau**.

Le saviez-vous ?

Cette localisation au sein du **Finder** est très pratique pour trier les éléments sur le bureau après avoir opté pour un affichage par liste (voir fiche 36).

Utilisez le Bureau

● Le **Bureau** est l'endroit le plus pratique pour enregistrer les documents sur lesquels vous êtes en train de travailler ou que vous n'avez pas encore classés (voir fiche 33).

● Pour placer un document ou glisser-déposer un dossier sur le bureau, déposez l'élément depuis une fenêtre par un glisser-déposer (voir fiche 15).

Le conseil de Gabriel

Si vous laissez de trop nombreux éléments présents sur le Bureau, il est possible que le démarrage de votre Mac soit ralenti. Pensez donc à retirer et classer régulièrement des éléments.

Personnalisez le Bureau

Le fond d'écran bleu du bureau est facile à modifier : vous pouvez par exemple y placer l'une de vos photographies favorites.

Une belle photo est idéale pour personnaliser le bureau du Mac.

1 Cliquez sur **iPhoto**.

2 Sélectionnez une photographie.

3 Cliquez sur le bouton **Bureau** situé dans la barre d'outils, en bas de la fenêtre.

Le conseil de Gabriel

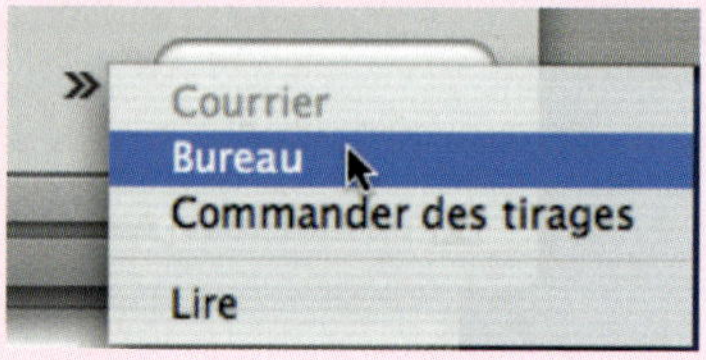

Vous ne trouvez pas le bouton **Bureau** ? Soit il est absent, et il est donc nécessaire de personnaliser la barre d'outils (voir fiche 31). Soit la fenêtre est trop petite pour qu'il apparaisse. Dans ce cas là, cliquez sur le bouton représentant des **guillemets** puis sélectionnez **Bureau**.

Le saviez-vous ?

Il est également possible de personnaliser le Bureau depuis les **Préférences systèmes**, dans la rubrique **Bureau**. Vous pouvez y choisir la dimension de l'image à l'écran et opter pour une modification aléatoire du fond d'écran.

Comment bien utiliser les fenêtres ?

■ Sur le Mac, les fenêtres sont omniprésentes. À part le bureau, aucun élément ne s'affiche en dehors d'une fenêtre.

Fermez la fenêtre !

Les fenêtres sont bien pratiques pour accéder à chaque logiciel du Mac, mais elles deviennent parfois encombrantes. Dès que vous ne l'utilisez plus, vous pouvez fermer n'importe quelle fenêtre.

1 Pour cela, cliquez sur le bouton rouge, en haut à gauche (dès que votre pointeur est bien placé, une petite croix va apparaître).

Placez une fenêtre dans le Dock

Vous pouvez placer une fenêtre dans le **Dock**. Cela vous permettra de la consulter ultérieurement grâce un simple clic.

1 Cliquez sur le bouton orange juste à droite du bouton rouge. La fenêtre se déplace en bas à droite, dans le **Dock**, juste à côté de la **Corbeille**.

Le saviez-vous ?

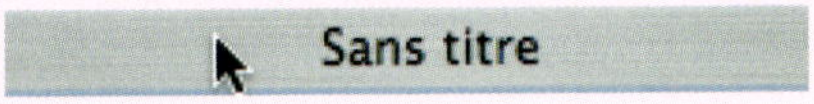

Pour placer une fenêtre dans le **Dock**, vous pouvez également double cliquer sur son titre.

2 Pour visualiser à nouveau la fenêtre, cliquez sur son icône, dans le **Dock**.

Redimensionnez une fenêtre

Lorsque vous avez plusieurs fenêtres ouvertes, il devient vite nécessaire d'ajuster leur taille.

- Pour les redimensionner automatiquement, cliquez sur le bouton vert en haut à gauche de la fenêtre. Si vous souhaitez que la fenêtre revienne à ses dimensions d'origine, cliquez à nouveau sur ce bouton.

- Pour dimensionner une fenêtre manuellement, placez votre pointeur en bas à droite de la fenêtre, sur les striures, et effectuez un glisser-déposer dans la direction souhaitée (voir fiche 15).

Déplacez une fenêtre

Vous pouvez déplacer une fenêtre à l'écran.

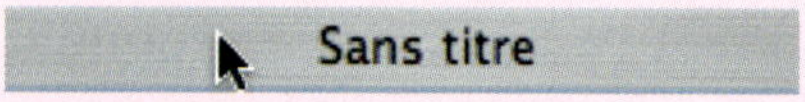

1 Placez votre pointeur sur la barre grisée située en haut de chaque fenêtre.

2 Effectuez ensuite un glisser-déposer dans la direction souhaitée.

Certaines fenêtres sont peu faciles à déplacer.

Je ne vois pas l'intégralité de ma fenêtre : que faut-il faire ?

■ Votre Mac possède sans doute un grand écran mais sa taille n'est pas illimitée. Les fenêtres doivent donc s'adapter à cette contrainte lorsqu'un e-mail, document, page Web ou liste d'éléments dépassent ce cadre.

Déplacez l'ascenseur

Suivant les cas, vous trouvez un ascenseur à droite de votre fenêtre et/ou en bas. Il prend toujours la même forme. La barre bleue permet de savoir où vous vous situez à l'intérieur de la fenêtre. Mais comment descendre ou monter cet ascenseur ?

- La première solution consiste à déplacer votre pointeur au niveau des petites flèches, à l'extrémité de l'ascenseur, et de maintenir appuyé afin de le monter ou de le descendre. Attention ! Comme les deux flèches sont petites, il faut bien placer le pointeur. Si c'est le cas, l'ascenseur se déplace et la flèche devient bleutée.

- Vous pouvez également mettre votre pointeur au niveau de la barre bleutée et effectuer un glisser-déposer de ce dernier vers la direction souhaitée.

Utilisez le pointeur et la souris (ou pavé tactile)

Si toutes les solutions évoquées au-dessus sont bien pratiques, elles peuvent se révéler parfois fastidieuses. Le pointeur et la souris (ou pavé tactile) peuvent vous permettre de déplacer un ascenseur plus facilement.

- Déplacez le pointeur dans la fenêtre en question.
- Si vous avez une souris, actionnez la molette ou le petit bouton au centre. Vous devez les faire rouler dans un sens ou dans l'autre.

Le conseil de Gabriel

Pour les possesseurs de la Mighty Mouse : cette souris n'a pas une molette mais un petit bouton au centre, il peut être difficile à manipuler au départ. Vous devez l'effleurer du doigt dans un sens ou dans l'autre.

Le saviez-vous ?

Vous n'avez pas de molette sur votre souris ? Et bien pourquoi ne pas en acheter une nouvelle ? Il vous suffira de la brancher sur le port **USB** (voir fiche 9).

- Si vous utilisez un pavé tactile, placez deux doigts sur la partie tactile. Puis déplacez par mouvement coordonné vos deux doigts vers le haut ou vers le bas.

Le conseil de Gabriel

Les fenêtres sont parfois divisées en plusieurs cadres. Il y a alors plusieurs ascenseurs. Le pointeur doit être placé dans le bon cadre pour activer le défilement. C'est particulièrement important dans **Mail** (voir fiche 47).

À quoi sert la barre située en bas de mon écran ?

■ Au bas de votre écran, la barre avec beaucoup d'icônes se nomme le Dock. Elle permet d'accéder en un seul clic aux applications que vous utilisez le plus souvent. Vous y retrouvez les applications ouvertes mais qui ne sont pas habituellement dans le Dock.

Découvrez les applications du Dock

Voici le descriptif des applications disponibles dans le **Dock**, de droite à gauche. Suivant, la date d'achat de votre Mac, vous ne retrouvez pas forcément toutes les applications décrites ci-dessous :

- **Finder**. Il permet d'accéder à l'ensemble des fichiers du Mac. Le Finder est la porte d'entrée de votre Mac (voir fiche 28).

- **Dashboard**. Cette application contient des mini applications appelées **Widgets**. Par défaut, vous disposez d'une calculatrice, météo, calendrier et heure (voir fiche 27)

- **Mail**. Ce logiciel permet de recevoir, de rédiger et envoyer des e-mail depuis le Mac. L'image du timbre permet très facilement de reconnaître le logiciel Mail (voir fiche 45).

- **Safari**. C'est le navigateur Web proposé par Apple. En effet, lorsque l'on consulte des sites Web, on dit que l'on navigue sur le Web : son icône est donc une boussole (voir fiche 60).

- **iChat**. Ce logiciel de messagerie instantanée permet de converser en vidéo conférence avec ses proches.

- **Carnet d'Adresses**. Ce logiciel est un gestionnaire de contacts. Vous pouvez y stocker les adresses e-mail de vos correspondants mais aussi leurs adresses postales, numéros de téléphone, *etc*.

- **iTunes**. Il permet d'écouter, stocker et acheter de la musique. Vous pouvez classer tous vos morceaux de musique dans une bibliothèque. Vos chansons favorites sont accessibles en quelques clics (voir fiche 70).

- **iPhoto**. Ce gestionnaire de photos numériques fonctionne comme **iTunes**. Grâce à iPhoto, vous pourrez aussi commander des tirages photographiques (voir fiche 80).

- **iMovie**. Ce logiciel permet de réaliser des montages vidéos à partir d'un caméscope numérique.

- **iDVD**. Logiciel pour créer en quelques clics un DVD avec vos photographies, musiques et vidéos numériques que vous pouvez ensuite visionner sur le lecteur DVD de votre salon (ou celui de vos amis).

- Le logiciel de montage et composition audio d'Apple permet de créer des morceaux de musique. Mozart est passé à l'informatique !

- **iWeb**. Ce logiciel permet de créer assez facilement un site Internet.

- **iCal**. Votre agenda électronique, utile pour vous rappeler les rendez vous, les anniversaires ou tout autre évènement.

- **Quicktime**. Ce logiciel est le lecteur Audio et Vidéo d'Apple. Il s'ouvre automatiquement lorsque vous en avez besoin.

- **Photo Booth**. Le photomaton virtuel d'Apple va vous permettre de faire des photographies et de les modifier avec des effets visuels déformants.

- **Préférences Systèmes**. C'est ici que vous pouvez régler l'ensemble des paramètres de votre Mac.

Découvrez d'autres éléments présents

- L'icône ci-contre permet de visiter le site Internet d'Apple.

- **Corbeille**. La corbeille de votre Mac (voir fiche 42).

Comment passer d'une fenêtre à l'autre ?

■ Il est toujours utile de disposer de plusieurs fenêtres ouvertes sur l'écran du Mac. Cependant, passer d'une fenêtre à l'autre peut se révéler parfois compliqué. Heureusement votre Mac dispose d'une solution très pratique : Exposé.

Avec Exposé, jonglez avec les fenêtres

Exposé affiche l'ensemble des fenêtres afin que vous puissiez sélectionner celle que vous désirez consulter.

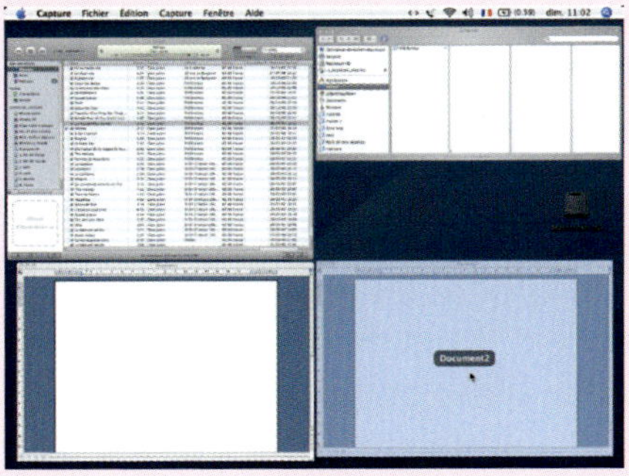

● Pour visualiser l'ensemble des fenêtres ouvertes sur votre Mac, appuyez sur la touche **F9** du clavier. Lorsque vous placez le pointeur sur une fenêtre, son nom apparaît. Pour la consulter, cliquez une fois.

Le conseil de Gabriel

Il existe une autre solution pratique pour passer d'une fenêtre d'application à l'autre : maintenez appuyée la touche **Pomme** du clavier puis appuyez sur la touche **Tabulation**. À l'aide du pointeur, cliquez sur l'application que vous désirez utiliser.

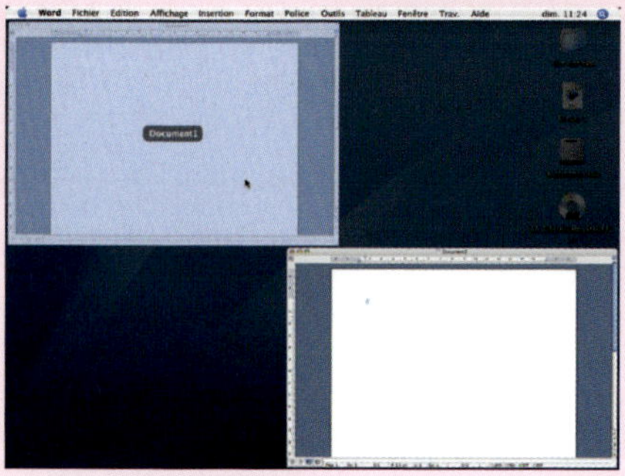

● Si vous souhaitez afficher seulement les fenêtres de l'application, appuyez sur la touche **F10**.

● Enfin, pour accéder rapidement au **Bureau**, appuyez sur la touche **F11**. Les fenêtres vont se dissimuler sur les coins de l'écran. Appuyez de nouveau sur **F11** pour les faire réapparaître.

Le saviez-vous ?

Les fenêtres que vous placez dans le **Dock** (voir fiche 21) n'apparaissent pas lorsque vous utilisez **Exposé**.

Modifiez les touches clavier d'Exposé

Vous pouvez modifier les touches par défaut d'**Exposé**. En effet, celles-ci ne sont pas nécessairement pratiques. Par exemple, si vous disposez d'un Mac portable, la touche **Fn** peut servir à afficher les fenêtres de l'application en cours.

1 Cliquez sur **Préférences systèmes** dans le **Dock**.

2 Cliquez sur **Dashboard et Exposé** .

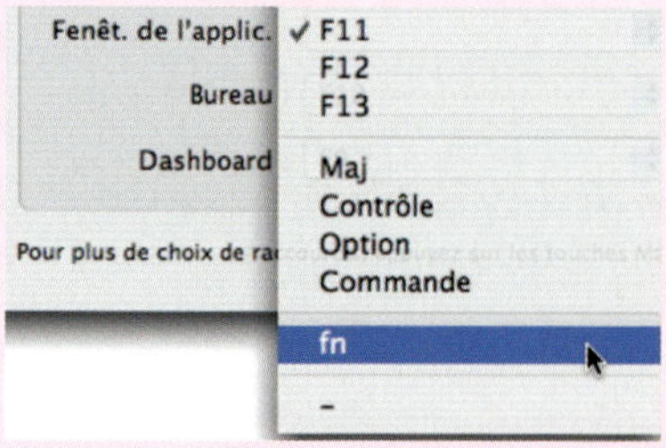

3 En bas de la fenêtre, vous pouvez définir les touches pour chaque utilisation d'**Exposé** en cliquant sur les menus déroulants.

Comment quitter un logiciel ?

■ Lorsque vous avez fini d'utiliser un logiciel, deux solutions s'offrent à vous : fermer la fenêtre ou quitter le logiciel. La différence entre les deux opérations est identique à celle qui consiste à mettre un document à côté de son bureau (fermer) ou le ranger dans une armoire (quitter). Dans le deuxième cas, vous serez obligé d'ouvrir à nouveau l'armoire pour accéder au document.

Quittez un logiciel

1 Cliquez en haut à gauche sur le menu en gras qui reprend le nom de l'application.

2 Descendez votre curseur sur la dernière ligne du menu et cliquez sur **Quitter**.

Le conseil de Gabriel

Lorsque de nombreux logiciels sont ouverts, quitter un logiciel permet d'éviter que le Mac fonctionne au ralenti et préserve l'autonomie de la batterie s'il s'agit d'un Mac Portable (voir fiche 11).

Comment personnaliser le Dock ?

■ Le Dock est une barre que vous utiliserez très régulièrement. Il est donc intéressant de personnaliser son aspect ainsi que les éléments qui y sont présents.

Supprimez un élément du Dock

Vous pouvez retirer du **Dock** les logiciels dont vous ne vous servez pas (voir fiche 23).

1 Effectuez un glisser-déposer à partir de l'icône de l'application du **Dock** en dehors du **Dock**.

Le conseil de Gabriel

Vous avez supprimé une application que vous souhaitez remettre dans le **Dock** mais vous ne la retrouvez plus ? Pas de panique ! Cliquez sur l'icône du **Finder** dans le **Dock** puis dans la barre de gauche sur le dossier **Applications**. Toutes les applications y sont stockées. Un simple glisser-déposer vous permettra de la réintégrer.

Ajoutez un élément dans le Dock

● À l'inverse, vous pouvez ajouter dans le **Dock** un élément du **Finder** ou du **Bureau**. Effectuez un glisser-déposer de l'élément vers le **Dock**. Vous savez que vous pouvez relâcher le bouton de la souris quand un espace apparaît dans le **Dock**.

Le conseil de Gabriel

Vous pouvez demander à une application ouverte de rester dans le **Dock**, elle est toujours située à droite dans le **Dock**. Maintenez appuyé votre pointeur jusqu'à ce qu'une bulle apparaisse. Cliquez sur **Conserver dans le Dock**.

● Il existe une seule contrainte dans le rangement du **Dock** : les applications vont à gauche de la barre verticale et les fichiers à droite.

Le saviez vous ?

Vous pouvez déplacer les icônes dans le **Dock** en utilisant le glisser-déposer.

Modifiez l'apparence du Dock

1 Cliquez sur **Préférences systèmes** dans le **Dock** puis sur l'icône **Dock** en haut au centre de la fenêtre .

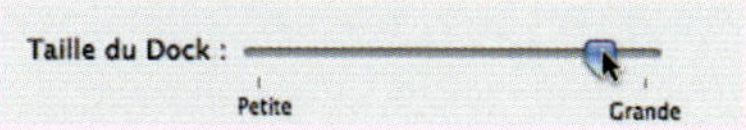

● Vous pouvez tout d'abord régler la taille du **Dock**. Moins il y a d'éléments, plus il peut être grand. Placez votre pointeur sur le curseur bleu et effectuez un glisser-déposer.

Le saviez vous ?

Pour modifier plus rapidement la taille du **Dock**, placez le pointeur sur la barre verticale qui sépare les applications et les documents. Effectuez un glisser-déposer vers le haut pour augmenter sa taille et vers le bas pour la diminuer.

● Le **Dock** peut aussi s'agrandir lorsque le pointeur est placé dessus. Cela permet d'éviter de se tromper d'applications. Pour l'activer, cliquez à gauche d'agrandissement. Vous pouvez définir son importance comme pour la taille du **Dock**.

● Il est également possible de le positionner à droite, au centre ou à gauche de l'écran. Par défaut, il est en bas mais la position à droite peut également être agréable.

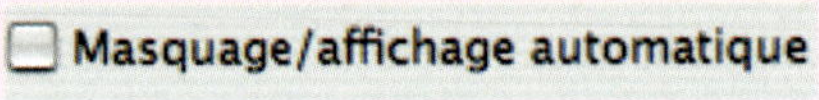

● Masquer le **Dock** est la dernière option proposée. Tant que vous ne placez pas le pointeur à l'endroit où vous avez choisi de le positionner, le **Dock** n'apparaît pas. Si vous ne vous sentez pas encore très à l'aise avec votre Mac, il ne vaut mieux pas l'activer.

À quoi sert Dashboard ?

■ Cette application présente dans le Dock rassemble des mini applications utiles pour vous simplifier le quotidien.

Utilisez Dashboard

1 Dans le **Dock**, cliquez sur l'icône de **Dashboard** .

2 Une fenêtre apparaît en transparence avec une série de mini applications (widgets) : la météo, la calculette, *etc*.

3 Un simple clic permet d'afficher des informations supplémentaires ou d'utiliser les fonctions disponibles.

Configurez un widget

Les **widgets** qui peuvent être configurés disposent d'un petit **i** qui clignote en bas à droite. Prenons l'exemple de la météo.

1 Cliquez sur **i**.

2 Saisissez la ville puis appuyez sur la touche **Entrée**. Dans la liste, sélectionnez la ville.

3 Cliquez sur le menu **Degrees** afin de choisir entre fahrenheit et centigrade.

4 Cliquez sur **Done**.

Ajoutez et supprimez de nouveaux widgets

1 Cliquez sur le bouton **plus** en bas à gauche de la fenêtre.

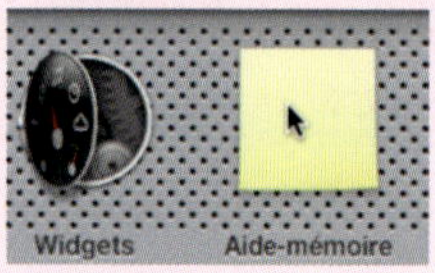

2 Sélectionnez un **widget** dans la liste et effectuez un glisser-déposer.

Le saviez-vous ?

La liste des **widgets** disponibles est trop longue pour tenir sur une page. Cliquez sur les flèches à gauche et à droite pour visualiser l'ensemble des choix disponibles.

3 Pour supprimer un **widget**, cliquez sur la croix en haut à gauche de chaque **widget**.

4 Cliquez sur la croix en bas à gauche de la fenêtre pour faire disparaître la barre d'ajout des **widgets**.

Le conseil de Gabriel

Il existe bien d'autres widgets que ceux disponibles sur votre Mac. Vous pouvez en télécharger gratuitement de nouveaux à cette adresse : `www.widgbox.com`.

Comment est organisé le Finder ?

■ C'est dans le Finder qu'est rangée la totalité des fichiers stockés sur votre disque dur. Il est indispensable de connaître son organisation afin de trouver facilement des éléments, éviter de déplacer des dossiers par mégarde et enregistrer des fichiers en toute sécurité.

Le Macintosh HD

Il représente le disque dur du Mac. Son icône est sur le **Bureau** et dans la colonne de gauche sur le **Finder**. Il contient plusieurs dossiers très importants.

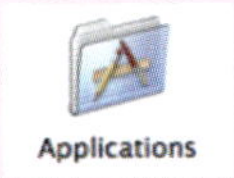

● Le dossier **Applications** contient l'ensemble de vos applications. Toutes les nouvelles applications que vous installez doivent être mises en son sein.

● Le dossier **Utilisateurs** contient les différents **comptes** installés sur votre Mac. Vous y trouvez un dossier avec une icône de maison : votre dossier **Départ**.

● Les autres dossiers servent à faire fonctionner le système. Il ne faut surtout pas les déplacer ou les supprimer.

Le dossier Départ

Vos données personnelles sont toutes localisées ici. Vous trouvez également plusieurs dossiers différents :

● Les dossiers **Bureau** et **Documents** permettent de stocker vos données. Le premier est pratique pour les données temporaires tandis que le deuxième permet de les archiver.

● Les autres dossiers ne doivent être déplacés sous aucun prétexte. Ainsi, si vous déplacez le dossier **Musique**, vous n'aurez plus aucun morceau de musique dans le logiciel **iTunes**.

Le conseil de Gabriel

Si un dossier a disparu de la barre de gauche du Finder, localisez-le grâce au descriptif ci-dessus et opérez un glisser-déposer pour le réintégrer. Vous pouvez personnaliser cette barre comme le **Dock** en y intégrant vos dossiers personnels ou des applications.

Comment retrouver facilement un élément sur mon Mac ?

■ Que faire si vous perdez un élément ? L'outil de recherche Spotlight est capable de retrouver tout élément à partir d'une indication écrite : nom d'un document, objet d'un e-mail, titre de musique, nom d'une application, commentaire associé à une photographie, *etc*.

Utilisez la recherche rapidement

1 Cliquez sur la loupe en haut à droite de l'écran.

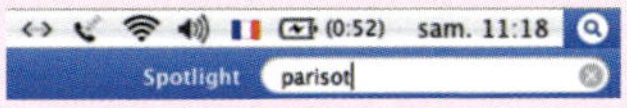

2 Saisissez un mot ou une phrase ayant trait au fichier recherché

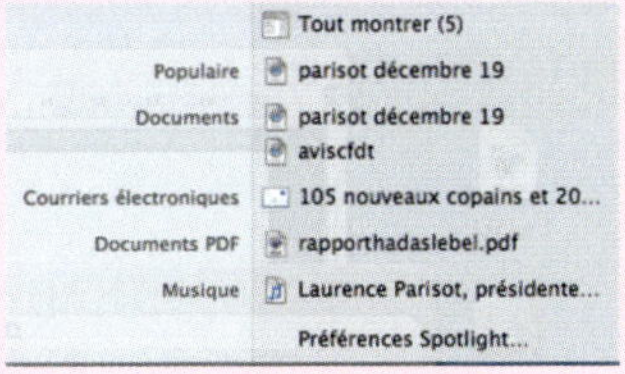

3 **Spotlight** affiche immédiatement les résultats. Ceux-ci sont divisés en plusieurs catégories. **Populaire** est le résultat où le mot est le plus présent. Les autres catégories sont thématiques.

4 Un simple clic sur un élément de la liste permet alors de l'ouvrir.

Le conseil de Gabriel

La recherche sur le Mac est donc particulièrement efficace. Il est très pratique de l'utiliser dans son usage quotidien pour ouvrir rapidement des fichiers ou des applications qui sont rangés dans le **Finder**.

Sachez approfondir une recherche

Une recherche affiche parfois de très nombreux résultats. Heureusement, avec **Spotlight**, il est très facile de trier les résultats.

1 Après avoir effectué votre recherche, cliquez sur **Tout montrer**.

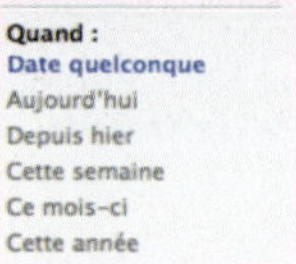

2 Une nouvelle fenêtre apparaît. La colonne de droite permet d'affiner le tri et le classement des résultats. Par exemple, un clic sur **Depuis hier** limite les résultats affichés aux fichiers crées ou modifiés depuis 24 heures.

3 Double-cliquez sur un document pour le consulter.

Le saviez-vous ?

Si vous cliquez sur le bouton **i**, **Spotlight** affiche des informations détaillées sur le fichier, notamment le dossier dans lequel il est rangé.

Une fenêtre de mise à jour vient d'apparaître à l'écran : que faire ?

L'informatique et le Mac évoluent quotidiennement. Apple est donc amené à mettre à jour ses logiciels afin de vous permettre de bénéficier de toutes les avancées technologiques. Tout cela est gratuit, alors pourquoi s'en priver ?

Mettez à jour votre Mac !

Toutes les semaines, si vous êtes connecté à Internet, votre Mac va vérifier l'existence de nouvelles mises à jour.

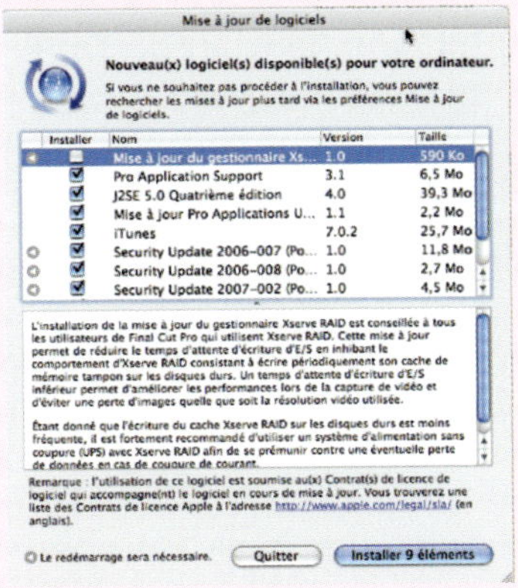

1 Une fenêtre s'ouvre automatiquement en arrière plan. S'il y a des mises à jours à réaliser, elle vient se placer au premier plan de l'écran.

2 Vous n'êtes pas obligé d'effectuer les mises à jour. Si c'est le cas, cliquez sur **Quitter**.

3 Sinon, cliquez sur **Installer éléments**. Votre Mac sélectionne tout seul les mises à jour nécessaires (cochées) et celles qui ne le sont pas (décochées).

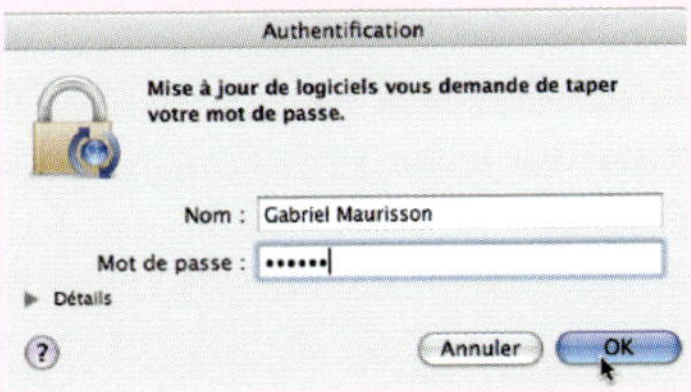

4 Une nouvelle fenêtre apparaît vous demandant le **Mot de passe** administrateur. Il s'agit de celui que vous avez créé le premier jour d'utilisation de votre Mac. Saisissez-le puis cliquez sur **OK**.

Le conseil de Gabriel

Vous ne vous souvenez pas avoir choisi un **Mot de passe** administrateur le premier jour ? Il est possible que vous n'ayez rien mis. Dans ce cas là, cliquez sur **OK** immédiatement.

5 Vous devez accepter une série de contrats de licence. Il est inutile de les lire. Cliquez sur **Accepter** en bas de chaque fenêtre.

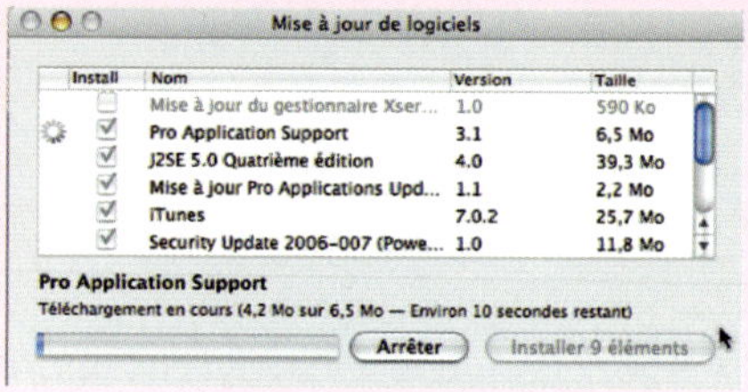

6 La mise à jour commence alors. Après avoir téléchargé les données, l'application les installe. Si les applications mises à jour sont ouvertes, le Mac vous demandera alors des les quitter.

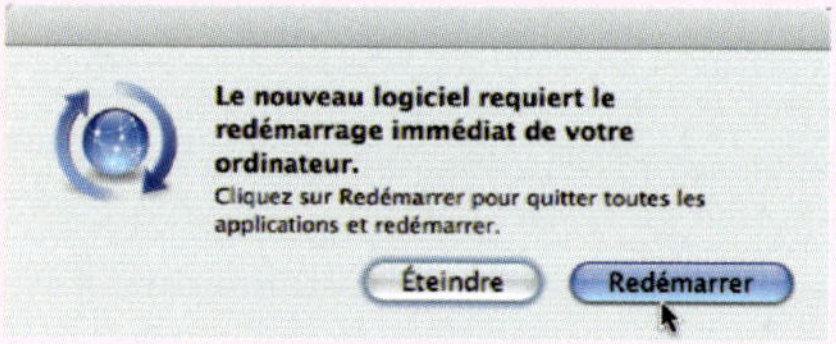

7 À la fin de l'installation, le Mac propose d'**Éteindre** ou de **Redémarrer**. Cependant, vous n'êtes pas obligé de le faire immédiatement. N'interrompez pas vos activités pour une simple mise à jour.

Le saviez-vous ?

Le Mac est multi tâches, cela signifie qu'il peut réaliser plusieurs actions en même temps. Ainsi, pendant que la mise à jour s'effectue, rien ne vous empêche d'écrire des e-mails ou de visualiser des photos.

Comment personnaliser une barre d'outils ?

■ Les barres d'outils sont pratiques et indispensables. Mais elles contiennent souvent des éléments que vous souhaitez supprimer, ajouter ou changer de place. Vous allez pouvoir le faire dans Safari, Finder, Mail et iPhoto.

Personnalisez la barre d'outils dans le Finder, dans Safari et dans Mail

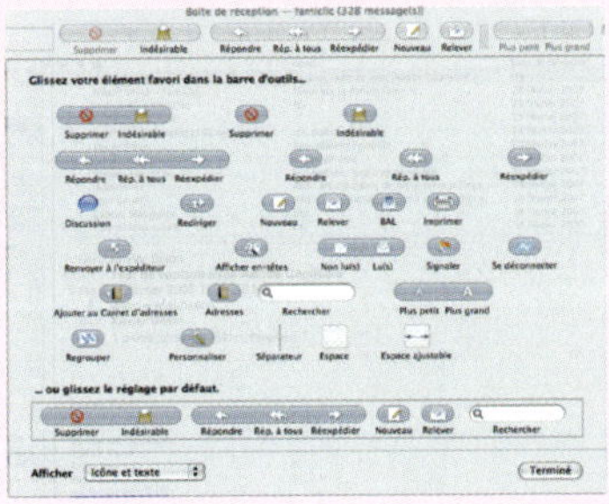

1 Dans le menu **Présentation**, cliquez sur **Personnaliser ma barre**. S'ouvre alors une nouvelle fenêtre.

2 Effectuez un glisser-déposer : depuis la barre d'outils vers la fenêtre, si vous désirez enlever un élément, ou depuis la fenêtre vers la barre d'outils vers la fenêtre pour en rajouter un. Ainsi, si vous n'utilisez que la fonction **Répondre** 

, vous pouvez supprimer l'élément par défaut **Répondre, Rep. à tous, et Reexpédier** 

et mettre simplement **Répondre**.

3 Pour vous aider à choisir, voici les fonctions les plus pratiques dans **Mail** et dans **Safari** :

- **Imprimer** 

,
- **Ajouter au carnet d'adresse** 

,
- **Agrandissement de caractères** 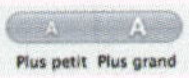

,
- **Remplissage Automatique** 

.

Personnalisez la barre d'outils dans iPhoto

1 Cliquez sur le menu **Présentation**, puis glissez votre pointeur jusqu'à **Afficher dans la barre d'outils**.

2 Les réglages qui s'affichent dans la barre d'outils sont ceux qui présentent une petite encoche à leur gauche. Les fonctions cochées sont celles que nous vous conseillons.

Pourquoi faut-il sauvegarder régulièrement mes données ?

■ Plus vous utilisez votre Mac au quotidien, plus vous stockez des données personnelles que vous ne voudrez absolument pas perdre : des souvenirs familiaux (photographies, e-mails), des collections (musique) ou des documents de travail. La sauvegarde est donc absolument indispensable.

Préparez la sauvegarde

Il existe deux méthodes pour réaliser une sauvegarde efficace de vos données :

- Vous pouvez graver vos données sur un CD ou un DVD. Cette technique est très économique. Cependant, elle ne permet pas la sauvegarde de tous les éléments présents sur le Mac à cause d'une faible capacité de stockage.
- La deuxième solution consiste à utiliser un disque dur externe vers lequel vous pouvez très facilement transférer l'ensemble de vos données personnelles. Aujourd'hui, un disque dur d'une capacité de 160 Go coûte moins de 80 euros.

Le saviez-vous ?

Il existe deux tailles de disques durs. Les plus petits (2.5) sont très facilement transportables mais offrent des capacités de stockage plus limitées (120 Go, au maximum).

Réalisez la sauvegarde à l'aide d'un disque dur externe

1. Branchez le disque dur sur votre Mac.
2. Dans le **Dock**, cliquez sur le **Finder**.
3. Dans le dossier **Macintosh HD**, ouvrez le dossier **Utilisateurs**.
4. Réalisez un glisser-déposer du dossier avec une maison sur l'icône du disque dur externe.

Le saviez-vous ?

Si vous avez plusieurs utilisateurs sur le Mac, transférez chaque compte utilisateur (voir fiche 12).

5 Patientez jusqu'à la fin du transfert. Ce dernier peut prendre plus d'une demi heure si vous avez un important volume de données à sauvegarder.

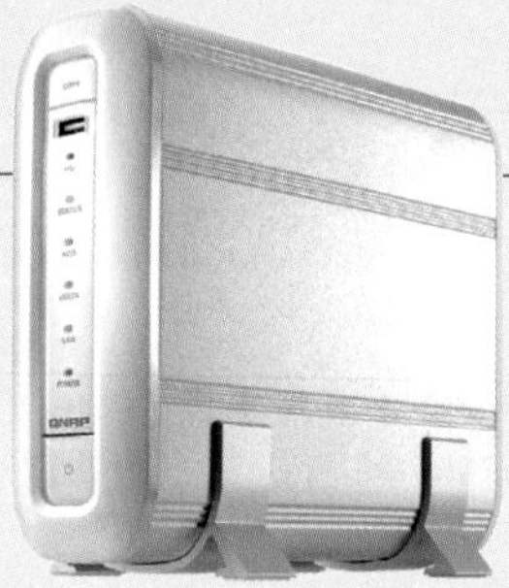

Pour faciliter vos sauvegardes, n'hésitez pas à faire appel à un disque dur externe.

Le Quiz de Gabriel

Et maintenant, un petit quiz pour tester vos connaissances !

1 Dans le Dock, vous pouvez mettre :

1 des applications

2 des fenêtres

3 des menus

2 Pour fermer une fenêtre, vous :

1 cliquez sur son titre

2 double-cliquez sur le bouton vert

3 cliquez sur le bouton rouge

3 Pour retrouver un document contenant une phrase sur votre Mac, vous pouvez utiliser la recherche :

1 vrai

2 faux

4 La sauvegarde des données est indispensable pour :

1 faire fonctionner le Mac

2 aller sur Internet

3 préserver la sécurité de vos données

Réponses

1 = 1 et 2 ; 2 = 3 ; 3 = 1 ; 4 = 3

Comment sauvegarder mes documents ?

Dès que vous voulez conserver un document, quelque soit sa nature (texte, photographie numérique, page Internet, pièce jointe à un e-mail, *etc.*), vous êtes confronté à la procédure d'enregistrement. La seule difficulté est de parvenir à enregistrer l'élément au bon endroit. C'est exactement comme lorsque vous avez besoin de choisir la pile de votre bureau où poser un dossier.

Enregistrez un document

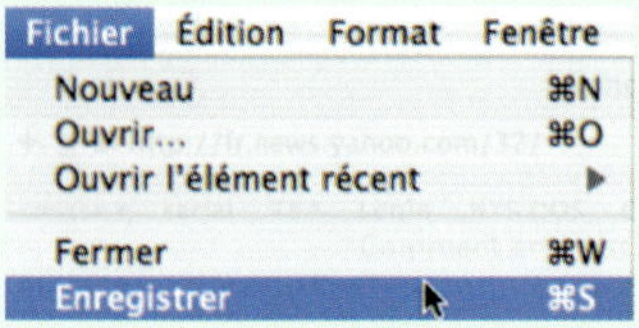

1 Cliquez sur **Enregistrer** dans le menu **Fichier**.

Le saviez-vous ?

Dans **Mail**, il n'existe que la fonctionnalité **Enregistrer sous** pour conserver un e-mail en dehors du logiciel. Sélectionnez un e-mail et cliquez sur le menu **Fichier** afin d'y accéder.

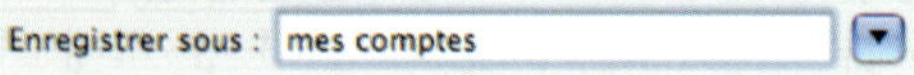

2 Saisissez le titre que vous désirez donner au document.

3 Cliquez sur la flèche noire si elle est dirigée vers le bas.

4 La fenêtre s'agrandit pour faire apparaître l'équivalent d'une fenêtre du **Finder**. Cliquez sur le dossier voulu pour l'enregistrement (voir fiche 28).

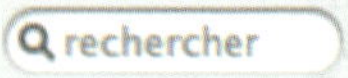

5 Cliquez sur **Enregistrer**.

Le conseil de Gabriel

Vous avez créé un dossier mais vous ne vous souvenez plus de son emplacement. Le champ **Recherche** est également disponible pendant l'enregistrement (voir fiche 29).

À tout moment, vous pouvez retrouver vos précieux documents.

Comment créer un document, par exemple une lettre ?

■ Si votre Mac est capable de réaliser de multiples actions, il est souvent bien utile de vous en servir comme une simple machine à écrire pour rédiger un courrier, une note, une recette de cuisine.

Pour rédiger une lettre, ouvrez TextEdit

1 Cliquez sur l'icône du **Finder** dans le **Dock**.

2 Cliquez sur le dossier **Applications** dans la barre, à gauche de la fenêtre.

3 Double-cliquez sur **TextEdit** .

Le conseil de Gabriel

Si vous l'utilisez régulièrement, pensez à le conserver dans le **Dock** afin de raccourcir la manœuvre plus facilement (voir fiche 26).

Mettez en forme votre lettre

Une fois saisie, pour améliorer la mise en forme de votre texte, il est nécessaire de connaître quelques principes très simples :

• Pour réaliser un retrait de paragraphe, utilisez la touche **Tabulation**.

• Vous pouvez définir l'alignement de votre texte en le sélectionnant puis en utilisant les boutons pour aligner à gauche ou à droite , centrer , justifier . L'alignement sélectionné apparaît en bleuté.

Votre Mac est un surdoué pour valoriser et mettre en forme vos documents, mais n'en faites pas trop !

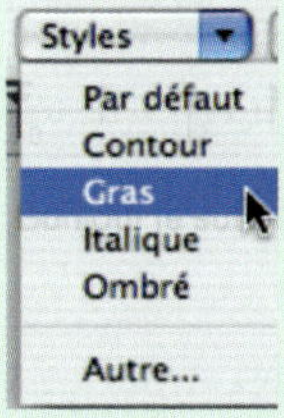

• Le bouton **Style** permet de changer votre sélection de texte en gras ou italique par exemple.

• Enfin, vous pouvez augmenter la taille de l'espacement entre deux lignes en cliquant sur **Double** dans le bouton **Espacement**.

Le saviez-vous ?

Grâce à une imprimante, vous pouvez imprimer cette lettre sur une feuille de papier afin de l'envoyer par la poste (voir fiche 83).

Comment choisir le mode d'affichage dans le Finder ?

■ Le mode d'affichage permet de faciliter la navigation au sein du Finder. En effet, ce dernier peut afficher les éléments comme étalés sur un bureau (mode Icône), empilés sur un bureau (mode Liste) ou rangés dans un classeur (mode Colonne).

Changez le mode d'affichage

1 Cliquez sur le **Finder**  dans le **Dock**.

2 En haut à gauche de la fenêtre se trouve trois petites icônes côte à côte . L'icône la plus à gauche désigne le mode **Icône**, au centre le mode **Liste** et à droite le mode **Colonne**. Le mode sélectionné apparaît en bleuté.

3 Cliquez sur l'icône correspondant à votre choix.

Le saviez vous ?

iTunes 7 utilise également un système similaire pour l'affichage des morceaux de musique. Il est localisé en haut à droite de la fenêtre.

Choisissez le bon mode d'affichage

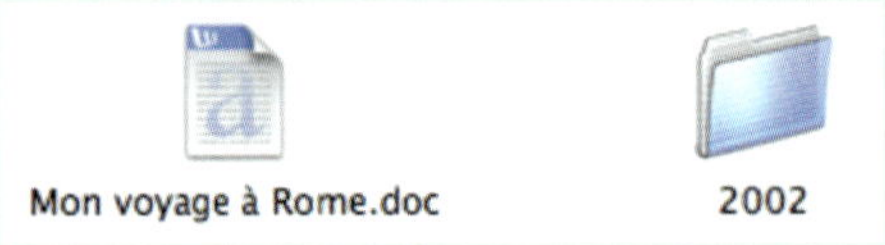

• Le mode **Colonne** est particulièrement efficace pour trouver un élément parmi d'autres tant que ceux-ci ne sont pas trop nombreux dans une fenêtre (pas plus de dix). Ce mode présente en outre l'avantage d'être le plus agréable visuellement (voir fiche 41).

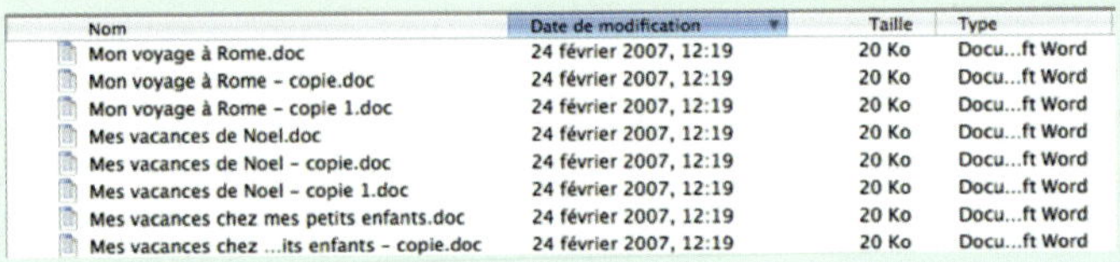

• Le mode **Liste** sert à retrouver des éléments dans une fenêtre quand ceux-ci sont plus nombreux. Il permet également de trier l'ensemble des éléments très rapidement (voir fiche 36).

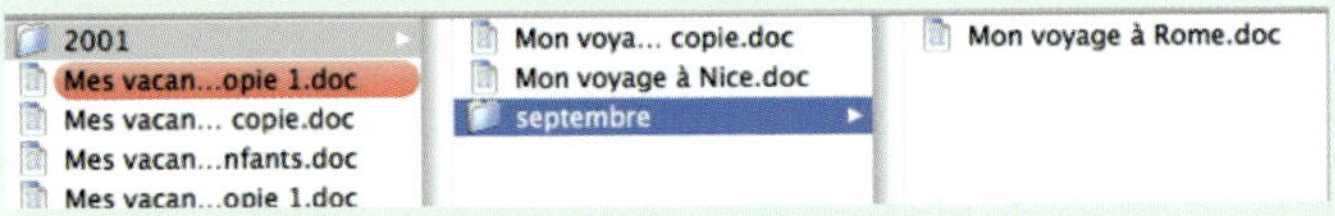

• Le mode **Icône** est lui dédié à un usage qui nécessite l'ouverture de nombreux dossiers et sous-dossiers. Il facilite le glisser-déposer d'un fichier entre deux dossiers.

Le conseil de Gabriel

Vous pouvez redimensionner les colonnes afin de lire la totalité des titres de vos fichiers. Placez le pointeur à l'intersection de deux colonnes et effectuez un glisser-déposer.

Comment classer mes fichiers en mode Liste ?

■ En dehors du rangement dans des dossiers, il est aussi très souvent utile de classer l'ordre d'apparition des fichiers présents à l'écran. Votre Mac est formidable car il peut classer un nombre important de fichiers selon divers critères : alphabétique, chronologique... et cela en quelques clics seulement !

Utilisez le mode Liste

Le mode Liste est utilisable dans le **Finder**, mais aussi dans les applications **iTunes** et **Mail**.

1 Juste au dessus de l'élément le plus haut de la fenêtre, vous observez une ligne avec différents critères de classement.

Le saviez-vous ?

Dans le **Finder** et dans l'application **iTunes**, vous pouvez supprimer et ajouter des critères dans cette barre. Cliquez sur **Options de présentation** dans le menu **Présentation**. Puis cochez ou décochez les éléments que vous souhaitez voir apparaître.

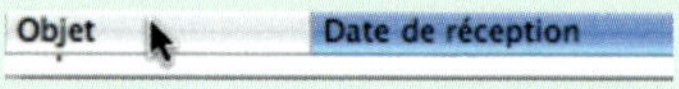

2 Le critère sélectionné apparaît en bleuté. Pour en changer, cliquez sur un autre critère proposé. Ainsi, vous pouvez passer d'un classement chronologique (**Date de réception**) à un classement suivant le titre des messages (**Objet**).

3 La flèche vous indique le sens du classement : ascendant ▲ ou descendant ▼. Un clic sur le critère sélectionné inverse le sens.

Le conseil de Gabriel

Au sein de chaque dossier ou liste de lecture, vous pouvez définir un classement différent. Ainsi, la liste de lecture avec vos morceaux de musique classique par compositeurs, celle concernant la chanson française par artistes, *etc.*

Pour profiter au mieux de vos morceaux de musique, vous pouvez les classer comme n'importe quel autre document.

Comment ordonner mes fichiers au sein des différents logiciels présents sur mon Mac ?

■ Votre Mac permet de conserver beaucoup de données. Cependant, pour votre confort, cela ne vous dispense pas de les ranger. Tous les logiciels qui conservent des données fonctionnent d'une manière identique, par exemple : le Finder, Carnet d'Adresses, Mail, iPhoto et iTunes.

Commencez par créer des dossiers

1 En bas à gauche de chaque fenêtre du logiciel, cliquez sur le **plus** +.

Le conseil de Gabriel

Dans le Finder, ce bouton n'existe pas. Il vous faut tout simplement cliquer sur **Nouveau dossier** dans le menu **Fichier**.

2 Saisissez le nom que vous souhaitez donner au dossier.

3 Effectuer un glisser-déposer des fichiers que vous voulez y placer (voir fiche 15).

Le saviez-vous ?

Les fichiers ne sont alors pas supprimés de la liste principale (bibliothèque ou photothèque), mais votre Mac constitue en fait des alias. Cependant, **Mail** fait exception afin de vous permettre de ne pas conserver trop de messages dans votre boîte de réception.

Configurez les dossiers intelligents

Le classement pas dossier peut rapidement devenir fastidieux. Heureusement, votre Mac sait ranger tout seul.

1 Cliquez sur le menu **Fichier**.

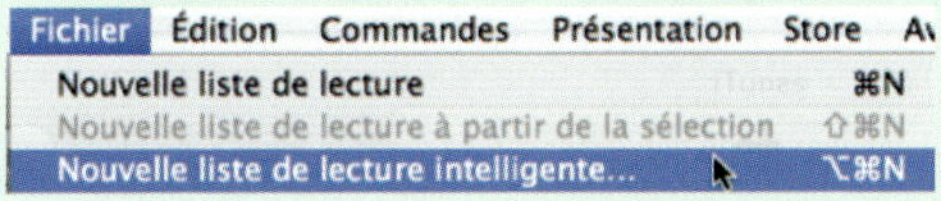

2 Cliquez sur la ligne qui mentionne dans son libellé le terme « intelligent ».

Le conseil de Gabriel

Mail fonctionne différemment. Cliquez sur la touche **Action** en bas à gauche de votre écran, puis cliquez sur **Nouvelle boîte aux lettres intelligente**.

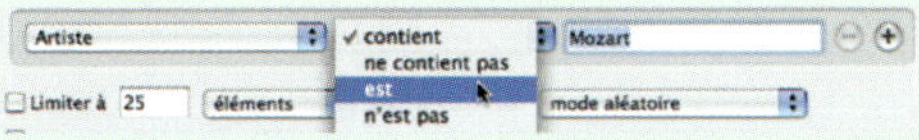

3 Une nouvelle fenêtre s'ouvre afin de définir les critères des éléments présents dans votre dossier intelligent. Grâce à la première ligne, définissez un critère en cliquant sur les menus déroulants.

4 Cliquez sur le **plus** à droite de la première ligne afin de rajouter des critères.

5 Cliquez sur **OK** lorsque vous avez fini de définir les critères.

Le saviez-vous ?

Les dossiers intelligents sont en fait une recherche permanente. Ainsi, si vous rajoutez des fichiers dans un logiciel, ils vont automatiquement être intégrés dans les dossiers intelligents que vous avez déjà configurés.

Comment savoir avec quelle application ouvrir un document ?

■ Parfois, votre Mac vous demande de sélectionner une application lorsque vous double-cliquez sur un fichier. Il est dans l'incapacité de déterminer quelle application permet de l'ouvrir. Il faut donc lui indiquer le bon traducteur.

Décryptez les extensions des fichiers

À la fin de chaque nom de fichier, vous observez une extension qui commence par un point (dans l'exemple `.doc`). C'est elle qui vous renseigne sur le logiciel qui permet de lire le fichier.

Extension	Description	Logiciels
AAC	Musique	iTunes
Avi	Vidéo	Quicktime
Doc	Texte	Word / Simple texte
Jpg	Photographe / Image	iPhoto
MP3	Musique	iTunes
Pdf	Texte au format	Aperçu Universel
PPS / PPT	Présentation animée	PowerPoint / Néo office
Sit	Élément compressé	Stuffit Expander
Txt	Texte	Simple texte
Xls	Tableur	Excel / Neo Office
Zip	Élément compressé	OSX

Sélectionnez l'application qu'il vous faut

1 Double cliquez sur l'élément.

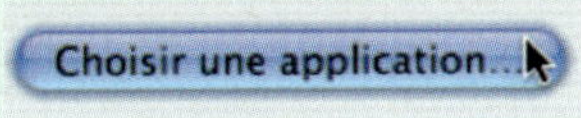

2 Cliquez sur **Choisir l'application**.

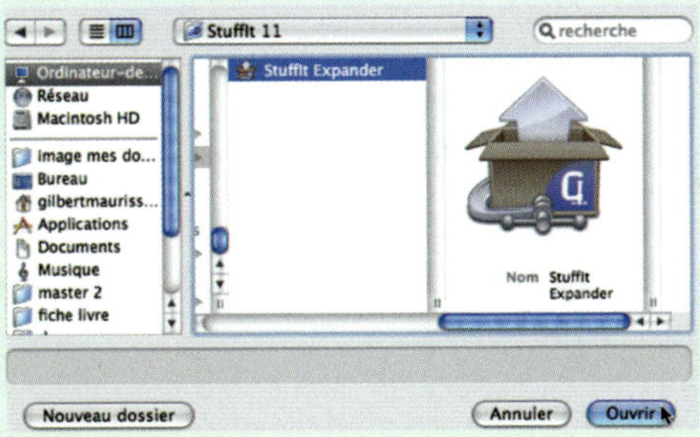

3 Dans la fenêtre **Choisir l'application** qui apparaît, cliquez sur l'application voulue.

4 Cliquez sur **Ouvrir**.

Le conseil de Gabriel

Si vous ne disposez pas de l'application sur votre Mac, vous pouvez la télécharger sur **Internet** lorsqu'elle est gratuite (en bleu dans le tableau) ou l'acheter en magasin.

Comment modifier le nom d'un élément dans le Finder ?

■ En utilisant votre Mac, vous allez progressivement stocker des éléments de plus en plus nombreux et de plus en plus variés. Il est souvent nécessaire de les renommer au fur et à mesure.

Changez le nom d'un élément

1 Sélectionnez un ficher ou un dossier dans le **Finder** ou sur le **Bureau**.

2 Appuyez sur la touche **Entrée** de votre clavier. Le titre apparaît alors souligné en bleuté.

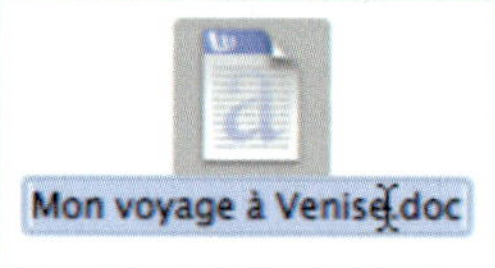

3 Cliquez à l'aide du pointeur à l'endroit précis du titre que vous désirez modifier.

Le saviez-vous ?

Pour remplacer l'ensemble du titre, vous pouvez, au moment où le texte est en bleuté, choisir d'écrire le nouveau titre. L'ancien titre sera alors effacé par le nouveau.

4 Tapez vos modifications.

5 Ensuite, cliquez en dehors de la sélection afin de valider votre choix.

Comment personnaliser l'affichage d'un élément dans le Finder ?

Vous pouvez facilement ranger vos fichiers dans des dossiers et des sous-dossiers, mais il demeure souvent difficile de les trouver visuellement à l'écran. Le Finder du Mac vous permet de les personnaliser grâce à des marques visuelles. Un peu à la manière des « post-it »…

Affichez une étiquette de couleur

1 Cliquez sur le Finder dans le **Dock** et sélectionnez un fichier ou un dossier.

2 En haut à gauche de la fenêtre, cliquez sur le bouton **Action** .

3 S'ouvre alors un menu dans lequel vous pouvez choisir une étiquette de couleur.

4 Si vous désirez supprimer une étiquette, cliquez sur le carré avec une petite croix.

Le saviez-vous ?

Sous chaque étiquette apparaît le nom de la couleur. Vous pouvez le personnaliser. Cliquez sur **Préférences** dans le menu **Finder**, puis sur **Étiquettes** . En face de chaque couleur, inscrivez le nom souhaité (travail, factures, *etc*.)

5 Cliquez en dehors du menu **Action** pour en sortir.

Le conseil de Gabriel

Si vous êtes sur votre **Bureau** et si vous ne voyez pas la barre d'outils, comme faire ? Pour utiliser le bouton **Action**, cliquez sur **Finder** dans le dock puis sur le dossier **Départ** et enfin sur **Bureau**. Sinon, vous pouvez utiliser le raccourci clavier **Pomme+I**.

Modifiez une icône

Chaque fichier ou dossier possède une icône par défaut. Cependant, vous pouvez très facilement la modifier.

1 Sélectionnez le fichier sur lequel vous souhaitez prendre une icône.

2 En haut à gauche de la fenêtre, cliquez sur le bouton **Lire les informations**. S'il n'est pas présent, rajoutez le dans la barre d'outils (voir fiche 31) ou utilisez le raccourci clavier **Pomme+I**.

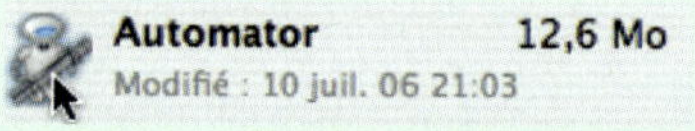

3 Cliquez sur l'illustration en haut à gauche de la fenêtre. Un cadre bleuté autour de cette dernière vous confirme que vous avez cliqué au bon endroit.

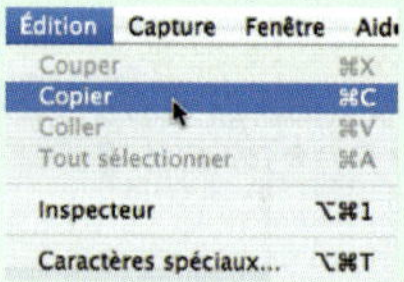

4 Cliquez sur **Copier** dans le menu **Édition**.

5 Puis fermez la fenêtre **Lire les informations** et sélectionnez le **Fichier** sur lequel vous souhaitez palcer l'icône.

6 Cliquez de nouveau sur le bouton **Lire les informations**, puis sur l'illustration.

7 Cliquez sur **Coller** dans le menu **Édition**.

8 Fermez la fenêtre **Lire les informations**.

Le saviez-vous ?

Vous pouvez télécharger des icônes gratuitement sur Internet. Par exemple sur ce site : `http://www.cocoricones.info` (voir fiche 66).

Comment sélectionner toute une série d'éléments ?

■ Dès que vous souhaitez ranger les données présentes sur votre Mac, savoir sélectionner un ensemble d'éléments devient essentiel. En effet, si par exemple, vous désirez placer dans un album photo cinquante photographies prises lors d'un voyage, il serait pénible de devoir les déplacer une à une ! Pour sélectionner des éléments, il existe trois solutions, chacune est adaptée à un contexte précis.

Sélectionnez l'ensemble des icônes contenues dans une fenêtre

1 Placez votre pointeur en haut à gauche de la fenêtre.

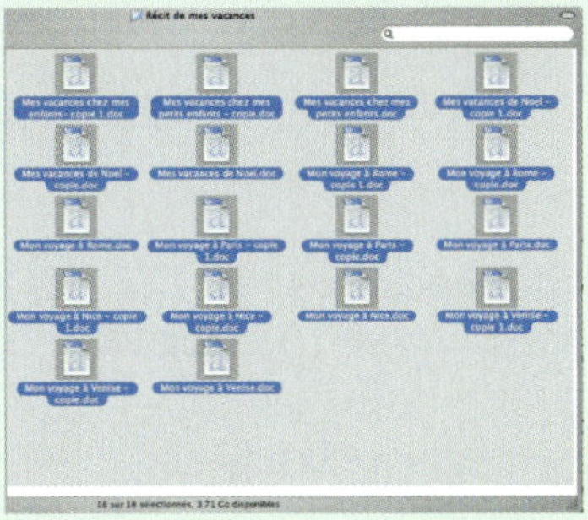

2 Maintenez appuyé le bouton de votre souris enfoncé, tout en déplaçant votre pointeur en bas à droite de la fenêtre. Un cadre de sélection apparaît.

3 Relâchez le clic de votre souris.

Sélectionnez un ensemble d'éléments contigus

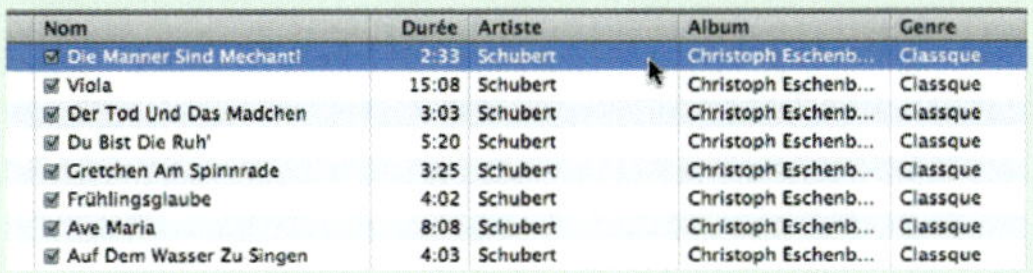

1 Cliquez sur le premier élément que vous souhaitez sélectionner.

2 Maintenez la touche **Majuscule** appuyée puis cliquez sur le dernier élément que vous désirez sélectionner.

3 La sélection faite, relâchez la touche **Majuscule**.

Sélectionnez un ensemble d'éléments non contigus

1 Cliquez sur le premier élément que vous souhaitez sélectionner.

2 Maintenez la touche **Pomme** appuyée puis cliquez sur les différents éléments que vous désirez sélectionner.

3 Relâchez la touche **Pomme**.

Le saviez-vous ?

Pour déplacer les éléments après les avoirs sélectionnés, il est nécessaire d'utiliser le glisser-déposer. Lorsque vous cliquez au départ, soyez vigilant à la position du pointeur qui doit se situer au-dessus de l'un des éléments sélectionnés. Si ce n'est pas le cas, votre Mac désélectionne les éléments que vous aviez sélectionnés.

Comment fonctionne la corbeille du Mac ?

■ La Corbeille du Mac fonctionne selon les mêmes principes que votre corbeille de bureau. Tant que vous ne la videz pas dans la grande poubelle, en bas de l'immeuble, aucun document n'est perdu. Si l'utilisation de la Corbeille du Mac est indispensable, la plus grande prudence est nécessaire pour éviter de supprimer des éléments que vous souhaitiez conserver.

Jetez un élément dans la Corbeille

La **Corbeille** de votre Mac se situe à l'extrémité droite du **Dock**. Les éléments que vous décidez de jeter vont s'y placer.

Tant qu'elle n'est pas vidée, vous pouvez encore retirer de la Corbeille un document jeté par erreur.

1 Pour placer un élément du **Bureau** ou du **Finder** dans la **Corbeille**, effectuez un glisser-déposer sur son icône.

2 Lorsqu'un ou plusieurs éléments se trouvent dans votre **Corbeille**, celle-ci vous le signale en modifiant son icône. Un simple clic sur l'icône de la **Corbeille** pleine vous permet de voir son contenu. Vous pouvez retirer un élément en effectuant un glisser-déposer de cet élément vers le **Bureau**.

Le saviez-vous ?

Un élément qui est placé dans la **Corbeille** ne peut pas être ouvert. Si vous souhaitez vérifier son contenu, vous êtes obligé de le mettre sur le **Bureau**, par un glisser-déposer.

Videz la corbeille !

Après avoir vérifier son contenu, vous souhaitez vider la corbeille.

Le conseil de Gabriel

Il est parfois difficile de savoir si vous devez conserver des éléments ou les supprimer. En cas de doute, vous pouvez sans aucun problème les conserver, car votre Mac peut contenir beaucoup de données (voir fiche 8). Ainsi, vous pouvez attendre avant de vider la **Corbeille**, et y conserver des éléments un certain temps.

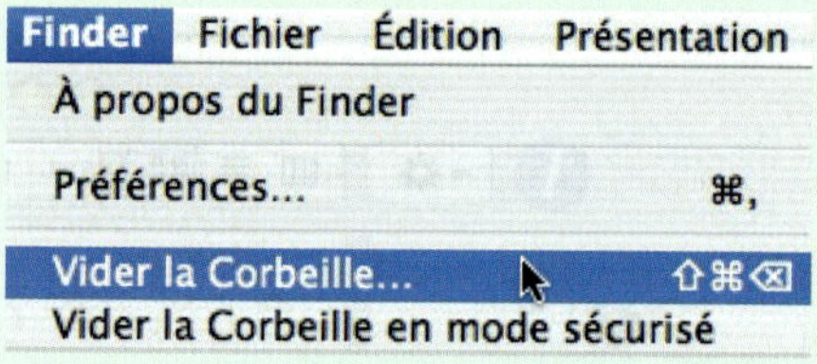

1 Cliquez sur **Vider la corbeille** dans le menu **Finder** (ce dernier n'apparaît que lorsque vous êtes sur le **Bureau** ou sur le **Finder**).

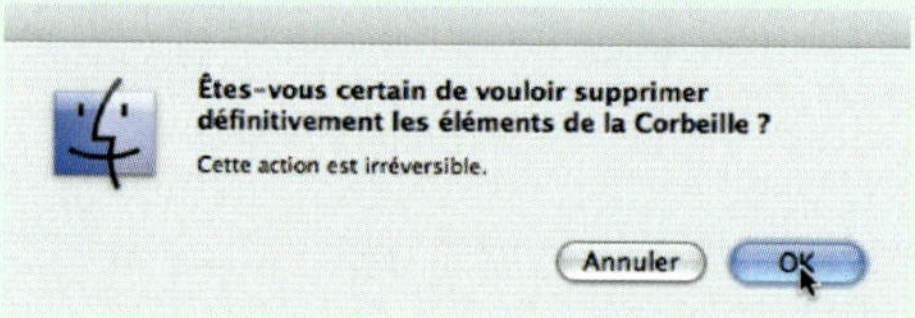

2 Une nouvelle fenêtre s'ouvre, pour vous demander si vous êtes certain de vouloir vider la **Corbeille**, si c'est le cas, cliquez sur **OK**, sinon vous pouvez cliquer sur **Annuler**. Un petit bruit vous prévient lorsque la **Corbeille** est vidée.

Le saviez- vous ?

Si vous souhaitez supprimer définitivement un élément afin que personne ne puisse le récupérer, cliquez sur **Vider ma corbeille en mode sécurisé**, dans le menu **Finder**. Attention ! Contrairement à ce que vous pourriez croire, cela ne permettra pas de récupérer les éléments ultérieurement.

Comment fonctionnent les corbeilles de Mail et d'iPhoto ?

■ Mail et iPhoto sont deux applications de votre Mac qui possèdent chacune une corbeille spécifique. En effet, dans les deux cas, il s'agit de données personnelles qui pourraient très facilement être jetées par erreur.

Jetez un e-mail dans la Corbeille de Mail

1 Dans **Mail**, il faut activer la **Corbeille** (voir fiche 46). Si vous souhaitez placer des mails, après les avoir sélectionnés, cliquez sur le bouton **Supprimer** ou utilisez la touche **Effacer** de votre clavier.

2 La Corbeille se vide automatiquement au bout d'un délai que vous pouvez fixer (voir fiche 42).

Jetez et supprimez une photo dans la Corbeille d'iPhoto

1 Dans **iPhoto**, la Corbeille se situe dans la colonne **Source** Corbeille. Pour y placer des éléments, après les avoirs sélectionnés, effectuez un glisser-déposer ou utilisez la touche **Effacer** de votre clavier.

2 Pour vider la corbeille, cliquez sur **Vider la corbeille** dans le menu **iPhoto**, en haut à gauche de l'écran.

3 Comme dans la **Corbeille** principale, une nouvelle fenêtre s'ouvre pour vous demander de confirmer ou annuler votre décision. Cliquez sur **OK**.

Le saviez-vous ?

Attention ! Que ce soit dans Mail ou dans iPhoto, une fois la corbeille de l'application vidée, les éléments sont définitivement supprimés.

Comment modifier facilement le dossier qui s'ouvre par défaut dans le Finder ?

■ À chaque démarrage, vous ouvrez le Finder à partir du Dock. Le dossier sélectionné par défaut est votre dossier utilisateur (le dossier de départ). Mais il est souvent beaucoup plus pratique de demander au Mac de sélectionner le dossier que vous utilisez pour classer vos documents. Voici comment procéder.

Modifiez le dossier par défaut

1 Cliquez sur **Finder**  dans le **Dock**.

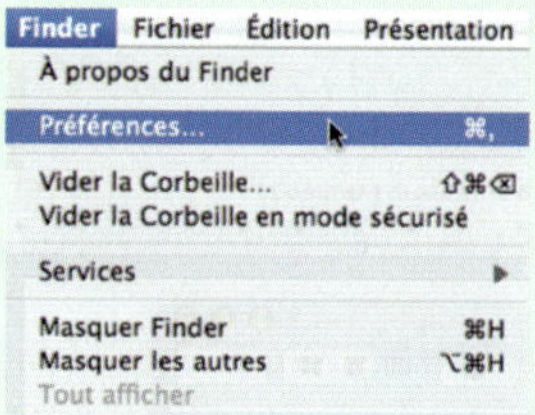

2 Cliquez sur **Préférences** dans le menu **Finder** en haut à gauche de votre écran.

3 Une nouvelle fenêtre s'ouvre. Cliquez sur **Générales** .

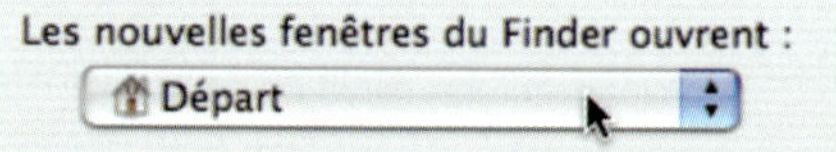

4 Cliquez sur le menu déroulant **Les nouvelles fenêtres du Finder ouvrent**.

5 Cliquez sur l'un des dossiers proposés s'ils vous conviennent. Sinon cliquez sur **Autre**.

6 La nouvelle fenêtre qui apparaît est similaire à celle qui permet l'enregistrement d'un fichier (voir fiche 34). Sélectionnez votre dossier puis cliquez sur **Choisir**.

Le Quiz de Gabriel

■ Et maintenant, un petit quiz pour tester vos connaissances !

1 Dans le Dock, vous pouvez enregistrer un document :

1 vrai

2 faux

2 Pour placer plusieurs photographies dans une liste de lecture, vous :

1 les glissez une à une

2 les sélectionnez toutes et vous effectuez un glisser-déposer

3 double-cliquez

3 Le mode liste permet de :

1 mieux voir les icônes

2 classer rapidement ses fichiers

3 ne pas perdre de temps

4 Les dossiers intelligents sont pratiques car :

1 ils classent automatiquement vos données

2 ils sont peu nombreux

3 ils sécurisent vos dossiers

Réponses

1 = 2 ; 2 = 2 ; 3 = 2 ; 4 = 1

Que faire lorsque j'ouvre Mail pour la première fois ?

La première fois que vous ouvrez Mail, le logiciel vous propose d'ajouter un « nouveau compte ». En effet, avant de pouvoir lire vos mails sur votre Mac, vous devez fournir toutes les indications pour que le logiciel puisse aller chercher votre courrier qui est stocké sur Internet. C'est exactement comme lorsque vous devez fournir les précisions nécessaires pour faire suivre votre courrier postal vers votre maison de vacances.

Comment configurer votre premier compte

Pour configurer votre compte, il vous faut simplement vous munir de la feuille que vous a envoyée votre FAI avec le récapitulatif de votre adresse e-mail et de votre code secret.

1 Pour ouvrir **Mail**, cliquez sur son icône dans le **Dock**.

2 Une fenêtre s'ouvre. Cliquez sur **Continuer** pour commencer la configuration.

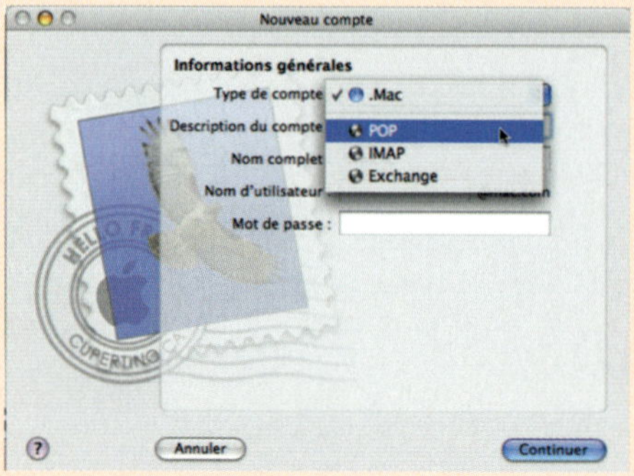

3 Cliquez une fois sur **.Mac** et descendez votre pointeur dans la liste sur **POP** puis cliquez.

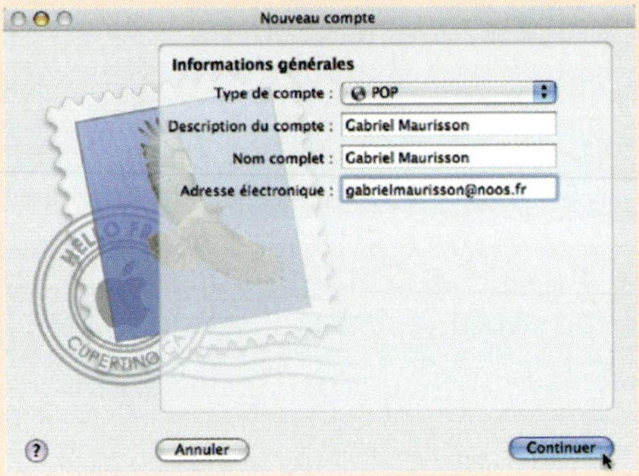

4 Dans cette deuxième fenêtre, vous devez inscrire une **Description du compte** (ce qui permettra de distinguer les comptes si vous avez plusieurs adresses e-mail), puis le **Nom Complet** (qui s'affichera à la place de votre adresse e-mail lorsque vous écrivez à vos correspondants) et enfin, **Adresse électronique** qui est votre adresse e-mail. Cliquez ensuite sur **Continuer**.

5 Dans la troisième fenêtre, inscrivez le nom du *serveur de réception* (indiqué sur votre feuille) dans le champ **Serveur de réception**. Si vous ne le trouvez pas, il se rédige toujours de la manière suivante :

`pop.lenomduFAI.fr`

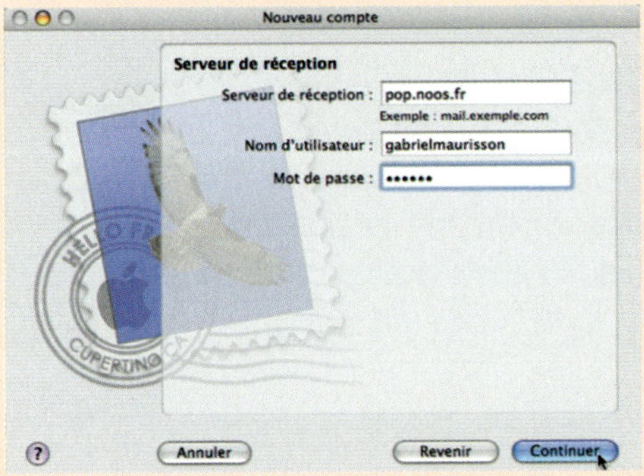

Le **Nom d'utilisateur** est rentré par défaut. Il s'agit de la partie de votre adresse e-mail placée avant le caractère @. Cliquez alors sur **Continuer**.

Le saviez-vous ?

Parfois, le serveur de réception ne commence pas par `pop` mais par `mail`. Il se rédige alors ainsi :

`mail.lenomduFAI.fr`

Patientez une petite minute pour qu'une nouvelle fenêtre s'affiche. **Mail** vérifie que les paramètres rentrés sont les bons. S'ils sont mauvais, il vous demandera de les retaper.

6 Inscrivez le nom du *serveur d'envoi* (indiqué sur votre feuille) dans le champ **Serveur d'envoi**. Si vous ne le trouvez pas, il se rédige toujours de la manière suivante :

`smtp.lenomduFAI.fr`

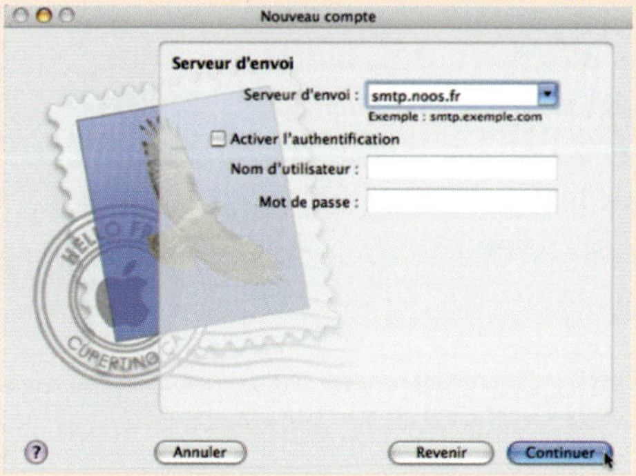

Puis cliquez sur **Continuer**. De nouveau, **Mail** vérifie les paramètres rentrés.

C'est quoi ça ?

Les serveurs **POP** et **SMTP** sont les « lieux » par lesquels passent vos e-mails. Le premier sert à recevoir les e-mails tandis que le deuxième sert à les envoyer. C'est exactement comme la boîte aux lettres dans votre immeuble (POP) et la boîte à lettre de la Poste (SMTP).

7 Une fenêtre vous résume les informations entrées. Cliquez sur **Continuer**.

8 La dernière fenêtre vous permet de créer un autre compte, si ce n'est pas votre intention, cliquez alors sur **Terminer**.

Le conseil de Gabriel

Si vous avez bien vérifié les paramètres et si Mail continue d'indiquer qu'il ne parvient pas à trouver le serveur **POP** ou le serveur **SMTP**, il y a alors deux explications. Soit vous n'êtes pas connecté à Internet (voir fiche 96), soit les réglages de votre clavier provoquent des erreurs de frappe : la touche de **Verrouillage majuscule** ou bien la touche **Verrouillage numérique** sont peut-être activées (voir fiche 19).

Comment bien paramétrer mon compte Mail ?

■ Une fois votre compte e-mail installé, vous devez décider d'un certain nombre de réglages très importants pour le tri du courrier.

Triez le courrier

1 Cliquez sur le menu **Mail** en haut à droite puis sur **Préférences**.

2 Cliquez sur **Comptes** puis sur le compte que vous souhaitez paramétrer.

3 Cliquez sur **Comportement des BAL**.

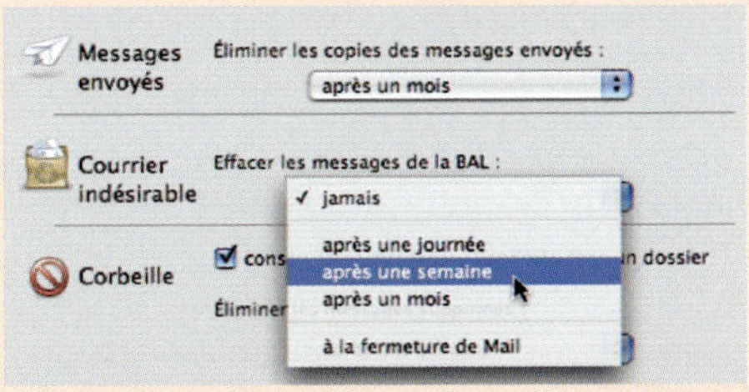

4 Vous pouvez décider de conserver vos messages envoyés et vos messages indésirables ou de les supprimer au bout d'un certain temps. Pour modifier les réglages, cliquez sur les menus déroulants et choisissez un autre réglage dans la liste. Il n'y pas de bons ou de mauvais choix, c'est selon votre préférence. Mais n'oubliez pas que votre Mac peut conserver beaucoup de données (voir fiche 7) et donc vous pouvez garder autant de messages que vous souhaitez.

5 Mail vous propose de conserver pendant un temps déterminé vos messages supprimés dans une boîte **Corbeille**. C'est très pratique pour éviter de supprimer un e-mail par erreur. Cochez **conserver les messages supprimés dans un dossier** et définissez un délai grâce au menu déroulant (voir fiche 43).

Paramétrez la suppression des e-mails stockés sur votre Webmail

Si vous voulez consulter les e-mails sur votre Webmail (voir fiche 56), il est nécessaire de demander à Mail de ne pas les supprimer immédiatement.

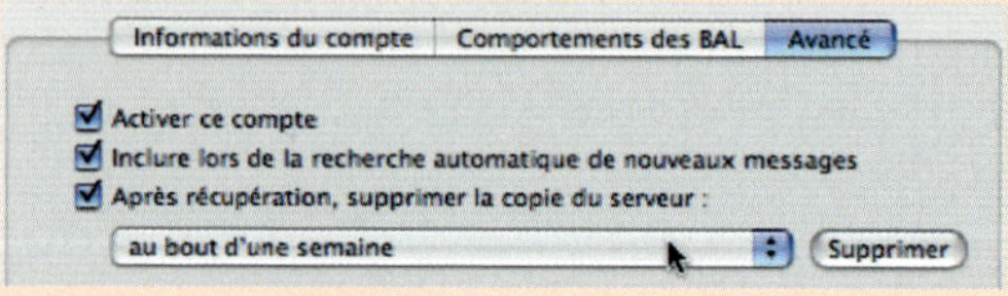

1 Cliquez sur **Avancé**. Il est nécessaire de cocher **Après récupération**, **supprimer la copie du serveur** et de définir comme temps **au bout d'une semaine**.

Le saviez-vous ?

Quand votre Mac va chercher des messages, il les récupère sur Internet depuis le site Web de votre FAI. Cependant, l'espace dont vous disposez sur Internet n'est pas infini (entre 20 et 100 Mo suivant les FAI). Dès lors, si vous ne demandez pas la suppression des messages sur Internet, votre boîte va être pleine et vous ne pourrez plus recevoir de nouveaux messages.

Comment est organisé Mail ?

Une fois que vous avez configuré votre compte, vous vous trouvez face à une fenêtre qui est divisée en plusieurs sous espaces. En effet, Mail organise les messages en les triant dans plusieurs boîtes aux lettres.

Choisissez la bonne boîte à lettre

À gauche de l'écran, se trouve une barre bleutée avec les différentes boîtes aux lettres (c'est l'équivalent d'un dossier). C'est le premier endroit où votre regard doit se porter.

1 La **Boîte de réception** contient les messages que vous avez reçus.

2 La boîte **Brouillons** contient les messages que vous avez commencé à rédiger mais qui ne sont pas encore envoyés.

3 La boîte **Messages envoyés** contient les messages expédiés.

4 La **Corbeille** contient les messages que vous avez supprimés.

5 La boîte **Courrier indésirable** contient les messages que vous ne souhaitez pas recevoir (voir fiche 57).

Surveillez toutes les boîtes aux lettres, sans exception !

Apprenez à lire un e-mail

À droite des différentes boîtes à lettre, apparaît une liste de messages. Suivant la boîte que vous avez sélectionnée (elle apparaît en grisé), les messages changent. Lorsque vous souhaitez visualiser le contenu d'un message, il suffit de cliquer sur le message dans la liste des messages et il apparaît en dessous.

Le conseil de Gabriel

Si vous ne voyez pas le message dans la partie inférieure de la fenêtre, cela signifie que le visualisateur est fermé. Pour le faire apparaître, double cliquez sur la barre légèrement grisée en bas de la fenêtre.

Comment envoyer un e-mail ?

■ Pour rédiger un e-mail, les réflexes nécessaires sont les mêmes que lors de l'envoi d'une lettre par la Poste : connaître l'adresse de son correspondant, glisser la lettre dans la boîte aux lettres, *etc.*

Envoyez votre premier e-mail

1 Cliquez sur **Nouveau** dans la barre d'outils en haut au centre de la fenêtre de **Mail**. Une nouvelle fenêtre s'ouvre.

Prêt pour votre premier message ?

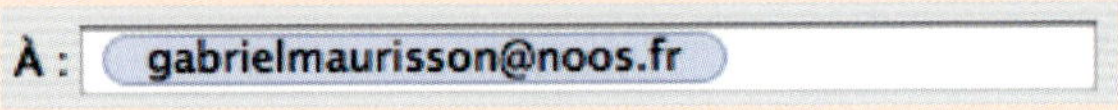

2 Cliquez dans le champ **À :** et saisissez l'adresse de votre correspondant.

Le saviez-vous ?

Une adresse e-mail obéit à quelques règles de saisie : elle ne comporte ni espace, ni majuscule. La première partie de l'adresse correspond au nom choisi par l'utilisateur. Ensuite vient le caractère @ (arobase, ou « at » en anglais) et enfin le nom du fournisseur d'accès. Lorsque **Mail** constate que l'adresse ne correspond pas à ces règles, il refuse d'envoyer le message.

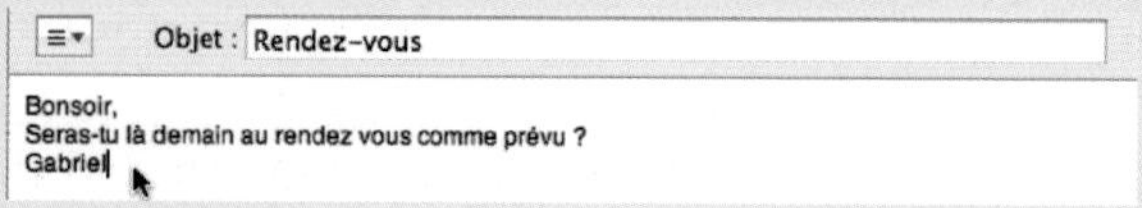

3 Cliquez dans le champ **Objet :** pour saisir le titre de votre message. Très important, il permet à votre destinataire de trier plus rapidement ses messages.

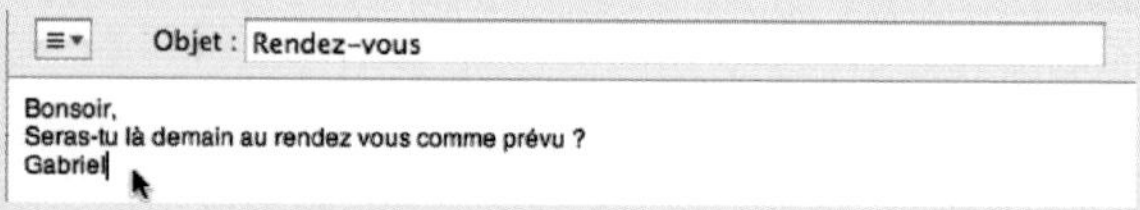

4 Cliquez dans le champ situé en dessous d'**Objet** pour écrire le texte de votre e-mail.

5 Pour envoyer votre e-mail, cliquez sur **Envoyer** en haut à gauche de ma fenêtre. Un petit bruit vous indique que le message est bien parti.

6 Si vous souhaitez l'enregistrer sans l'envoyer immédiatement, cliquez sur **Enr. Brouillon** en haut à droite de la fenêtre. Pour le modifier puis l'envoyer définitivement, il vous suffira d'aller dans la boîte **Brouillons** et de double cliquer sur le message.

Le conseil de Gabriel

Vous n'arrivez pas à écrire dans les champs ? C'est sûrement parce que vous avez oublié de cliquer dans le champ après avoir déplacé votre curseur.

Envoyez un e-mail à plusieurs personnes

Au lieu d'envoyer de nombreux e-mails identiques, vous pouvez envoyer un même e-mail à plusieurs personnes. Comment faire ? Après avoir saisi l'intégralité d'une adresse mail, appuyez sur la touche **Entrée** pour pouvoir en saisir une deuxième et ainsi de suite.

- Vous pouvez écrire le nom de vos destinataires dans le champ **À :**. Tous les destinataires concernés auront alors connaissance des adresses des personnes à qui vous avez expédié votre message. Cela aboutit à diffuser des adresses mails, ce qui peut se révéler gênant.

- Le champ **Cci** permet de résoudre ce problème en laissant penser à chaque destinataire qu'il est l'unique destinataire de l'e-mail. Le champ **Cci** peut en plus se révéler très pratique pour des invitations ou des vœux ! Ce champ n'est pas apparent par défaut : si vous souhaitez l'utiliser, cliquez sur **Champ Cci** dans le menu **Présentation**.

- Enfin, pour mettre un autre destinataire en copie de votre message, à titre informatif, saisissez son adresse dans le champ **CC**.

Comment envoyer une pièce jointe par e-mail ?

■ Un e-mail permet d'envoyer un message à des destinataires. Il est souvent très pratique de pouvoir joindre à vos messages des fichiers ou des dossiers. Au lieu d'envoyer une simple lettre, vous expédiez un « colis poste ».

Envoyez un ou plusieurs fichiers par e-mail

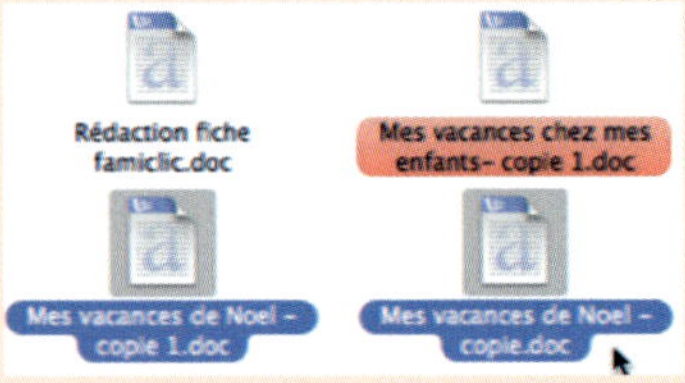

1 Sur le **Bureau** ou dans le **Finder**, sélectionnez le ou les éléments que vous souhaitez joindre à votre message.

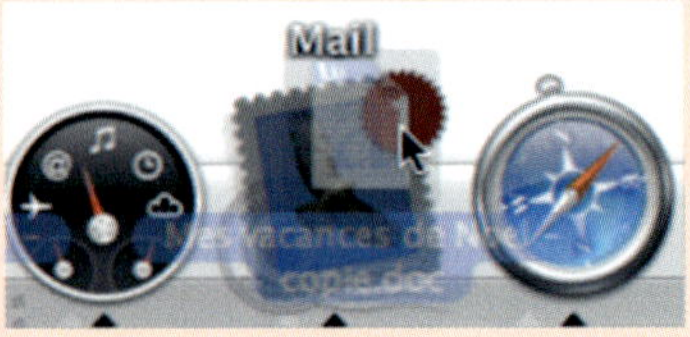

2 Effectuez un glisser-déposer de ces éléments sur l'icône de **Mail** dans le **Dock**.

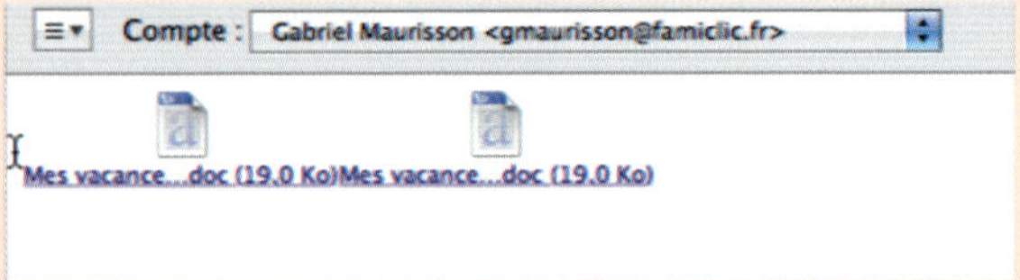

3 **Mail** prépare alors un nouvel e-mail comprenant la ou les pièces jointes. Cliquez à droite de la pièce jointe.

4 Appuyez sur la touche **Entrée** pour faire descendre les pièces jointes et ainsi saisir votre texte.

Avec Mail, vous pouvez joindre toutes sortes de documents à vos messages…

Le conseil de Gabriel

Par mail, n'envoyez jamais des pièces jointes de plus de 5 Mo. C'est exactement comme l'envoi de colis postaux, le poids ne peut pas excéder un certain seuil. **Mail** vous indique le poids global de l'e-mail en bas à gauche et celui de chaque fichier à droite de son titre.

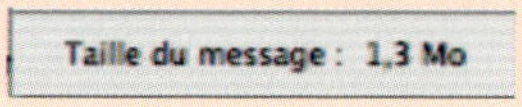

Comment visualiser et enregistrer les photographies que je reçois par mail ?

■ L'e-mail permet d'envoyer et de recevoir des photographies numériques et donc d'échanger de nombreux souvenirs avec vos proches. Une fois les photographies arrivées dans votre Boîte de réception, vous aurez envie de les visualiser et d'importer les meilleures dans le logiciel iPhoto.

Importez dans iPhoto toutes les photographies contenues dans un e-mail

Si toutes les photos que vous recevez dans un message sont susceptibles de vous plaire, vous pouvez décider de les mettre tout de suite dans **iPhoto** afin de les classer et les visualiser dans un diaporama (voir fiche 79).

1 Ouvrez le message concerné (voir fiche 47).

2 Cliquez sur le bouton **Enregistrer** au niveau de la petite flèche à droite.

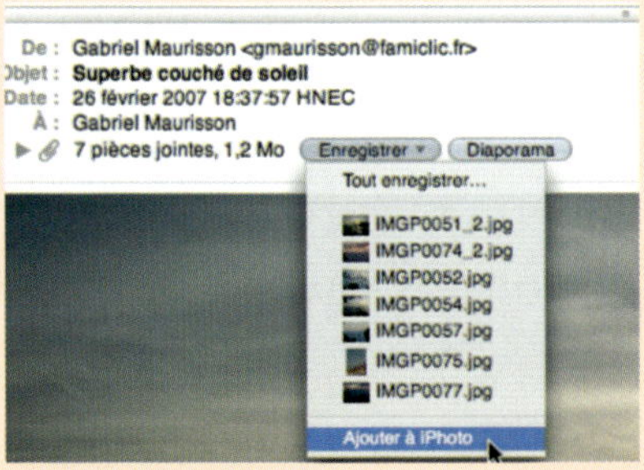

3 Déplacez le pointeur tout en bas du menu déroulant et cliquez sur **Ajouter à iPhoto**.

4 **iPhoto** s'ouvre et procède à l'importation automatique de l'ensemble des photographies contenues dans l'e-mail.

Visualisez les photos d'un e-mail

Visualiser les photos d'un e-mail facilite le tri et permet de choisir celles que vous souhaitez importer sur **iPhoto**.

1 Cliquez sur **Diaporama** .

2 Cliquez une fois et déplacez votre pointeur en bas de l'écran. Cela permet d'arrêter le diaporama et de faire apparaître une barre d'outils. Les flèches permettent de revenir à la photographie précédente ou de passer à la suivante. Le bouton **Pause** permet d'arrêter le diaporama et de le reprendre. La croix, au bout à droite, sert à fermer le diaporama.

3 Un simple clic sur l'icône de la barre d'outils avec quatre fenêtres affiche l'ensemble des photographies à l'écran. Cliquez sur une photographie pour la faire apparaître en plein écran.

4 Cliquez sur l'icône avec un appareil photo , pour que la photographie à l'écran s'importe dans **iPhoto** avec un très joli effet visuel.

Le saviez-vous ?

Pour votre Mac, il n'y a pas de différences entre une photographie et une image. Ainsi, si l'on vous envoie une carte de vœux, vous pouvez procéder de manière identique à une photographie numérique.

Comment envoyer des photographies par e-mail ?

■ Rien de tel qu'une jolie photographie numérique pour retrouver de fabuleux souvenirs ! L'envoyer par e-mail est une solution très simple et rapide pour la partager avec la famille ou les amis.

Envoyez votre première photographie par e-mail

1 Cliquez sur l'icône d'**iPhoto** dans le **Dock**.

2 Sélectionnez la photographie que vous souhaitez envoyer.

Avec Mail, partagez vos meilleurs clichés avec vos amis !

3 Cliquez sur l'icône **Courrier** dans la barre d'outils, en bas de votre écran (voir fiche 31).

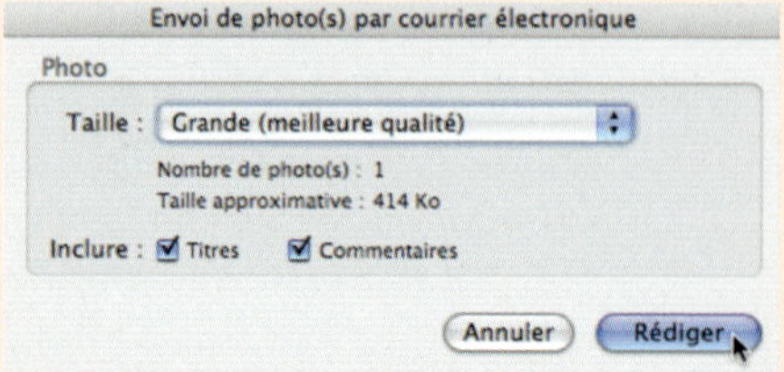

4 Cliquez sur **Rédiger**.

5 Un nouveau message apparaît dans **Mail**. Mais aucun espace ne vous permet d'écrire votre texte au-dessus de la photographie. Pour le créer, cliquez à droite de la photographie puis tapez sur la touche **Entrée**.

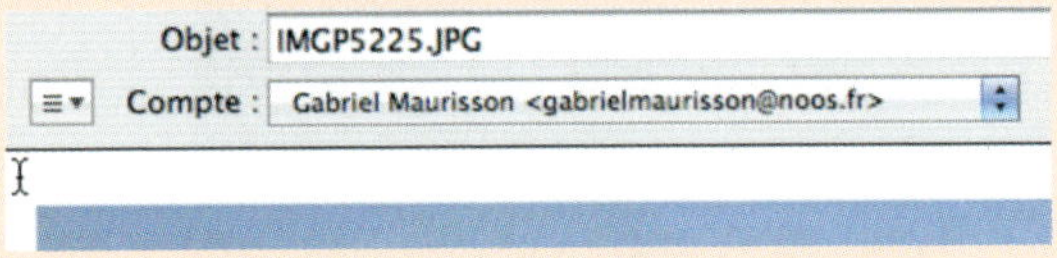

6 Remontez l'ascenseur (voir fiche 22) de votre fenêtre puis cliquez au niveau du petit espace, au-dessus de la photographie. Vous pouvez maintenant taper votre texte.

Envoyez plusieurs photographie par e-mail

Vous ne pouvez pas envoyer des e-mails avec plus d'une dizaine de photographies (5 Mo environ). Sinon, votre e-mail a de grande chance de ne jamais parvenir à ses destinataires (voir fiche 54). **iPhoto** vous permet de réduire la taille des photographies avant de les envoyer avec **Mail**.

1 Sélectionnez les photographies que vous souhaitez envoyer (voir fiche 41).

2 Cliquez sur l'icône **Courrier**.

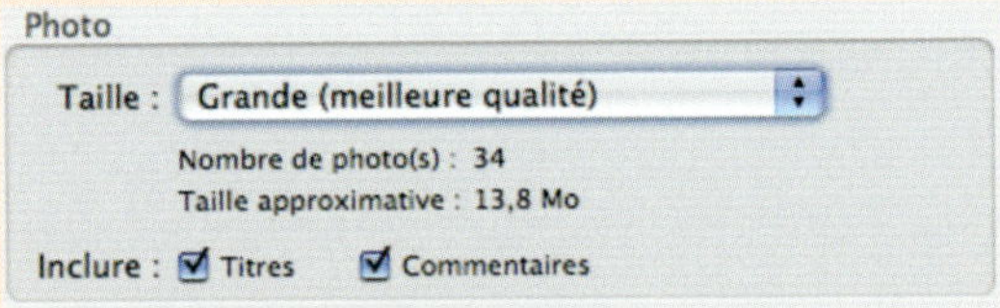

3 La fenêtre qui apparaît vous indique le nombre de photographies et le poids qu'elles représentent.

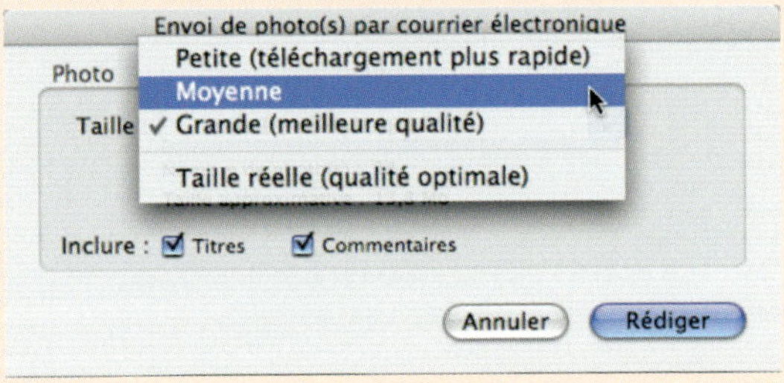

4 Cliquez sur la liste **Taille** et choisissez l'une des tailles proposées. Plus la taille est petite, plus le poids des photographies est réduit.

Le conseil de Gabriel

Plus la photographie est petite, plus sa qualité d'affichage en plein écran sera détériorée. Si vous désirez faire parvenir des photographies dans une qualité optimale, envoyez les dans plusieurs e-mails séparés, sans jamais dépasser 5 Mo.

Comment fonctionne le carnet d'adresses ?

■ Le carnet d'adresses de votre Mac permet de conserver les coordonnées de vos correspondants. Il fonctionne comme un véritable carnet d'adresses physique.

Il est temps de passer au carnet d'adresses électronique.

Ajoutez un correspondant à votre carnet d'adresses

1 Dans le **Dock**, cliquez sur **Carnet d'adresses** .

2 Pour ajouter un nouveau contact dans votre carnet, cliquez sur le bouton **Créer** dans la colonne de droite.

3 Remplissez les champs en cliquant une fois sur les champs en grisé.

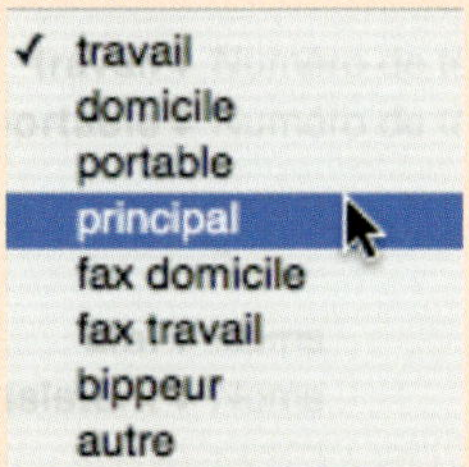

4 Chaque rubrique peut-être précisée à sa gauche. Cliquez sur le menu déroulant pour la modifier.

5 Si vous souhaitez rajouter ou supprimer un champ, cliquez sur les boutons **moins** et **plus**.

Le saviez-vous ?

Vous ne voyez pas de bouton plus ? C'est parfaitement normal tant que vous n'avez pas rempli les champs proposés, le **Carnet d'adresses** ne vous propose pas d'en créer de nouveaux.

6 Lorsque vous avez terminé, cliquez sur le bouton **Modifier** , en bas au centre de la fenêtre.

Utilisez le carnet d'Adresses à partir de Mail

Les deux applications fonctionnent ensemble. Vous pouvez facilement accéder aux contenus du **Carnet d'adresses** depuis Mail.

Dans les nouveaux messages

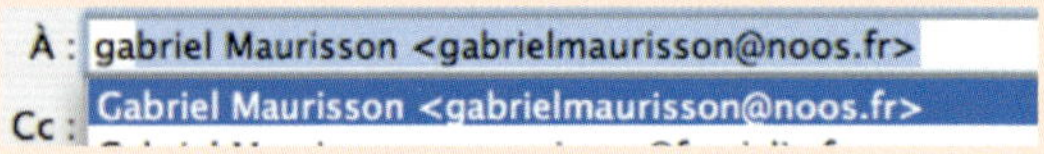

1 Dans les champs, **A**, **Cc**, **Cci**, tapez le début du nom ou du prénom et automatiquement l'adresse e-mail vous est proposée.

Le conseil de Gabriel

Si vous avez créé des groupes dans le **Carnet d'Adresses**, vous pouvez également insérer ce dernier en tapant son nom.

2 Un simple clic sur le bouton **Adresse** vous donne accès à l'ensemble du **Carnet d'Adresses**.

Depuis la boîte de réception

1 Sélectionnez un e-mail.

2 Cliquez **Ajouter l'adresse** . Si vous ne disposez pas de ce bouton, vous pouvez facilement l'ajouter dans la barre d'outils (voir fiche 31).

3 Automatiquement, une nouvelle fiche est crée dans le **Carnet d'Adresses** avec le prénom, le nom et l'e-mail du correspondant.

4 Pour y ajouter des informations par la suite, sélectionnez la fiche dans le **Carnet d'adresses** en cliquant sur le bouton **Modifier** Modifier.

Le saviez-vous ?

Vous pouvez imprimer votre carnet d'adresses pour l'avoir toujours avec vous, même lorsque vous êtes en déplacement. Pour cela, il suffit d'utiliser la fonction Imprimer dans le menu Fichier. Voir fiche 83.

Mon e-mail refuse de partir de ma boîte d'envoi : que faire ?

Vous venez de cliquer sur le bouton Envoyer, mais au lieu d'entendre le petit bruit confirmant que l'e-mail est bien parti, vous vous trouvez face à un message d'erreur. Voici comment procéder pour vous en sortir.

Êtes-vous bien connecté à Internet ?

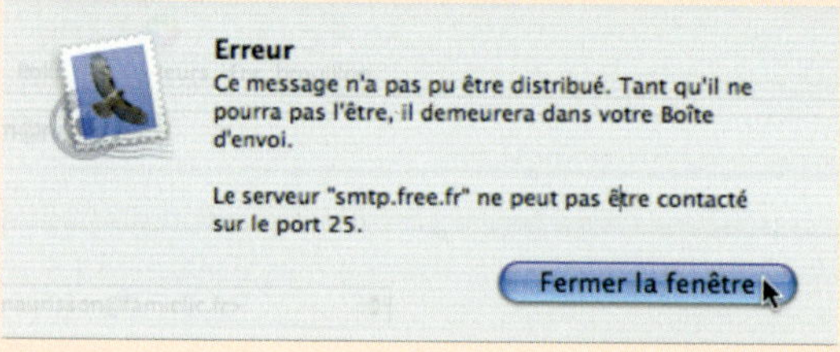

1 Après avoir cliquer sur **Envoyer**, **Mail** vous affiche un message d'erreur vous indiquant que le serveur smtp n'a pu être contacté. Vous n'avez pas accès à la boîte à lettre pour glisser votre courrier. Vous n'êtes donc plus connecté à Internet.

2 Cliquez sur **Fermer la fenêtre**.

3 Reportez-vous à la fiche 96 pour rétablir la connexion Internet.

4 Après avoir rétabli votre connexion, cliquez sur **Relever** pour que votre message soit expédié.

Vérifiez votre serveur smtp

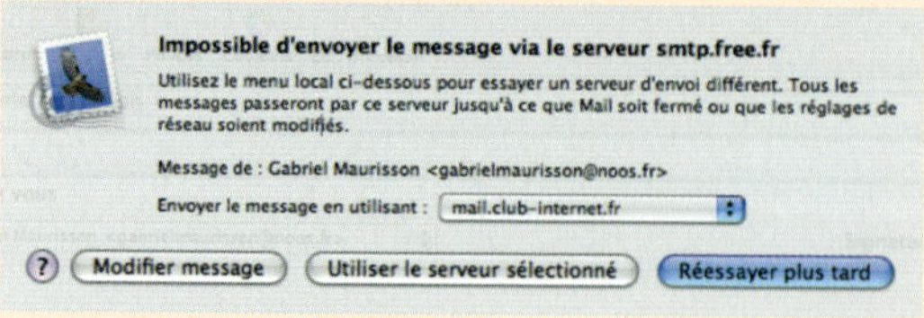

Le serveur smtp est le « lieu » par lequel transitent les messages que vous envoyez. C'est exactement comme la boîte à lettre jaune dans la rue. Chaque FAI en possède un différent. Si le message qui s'affiche est le suivant, cela signifie que le serveur smtp n'est pas le bon.

1 Cliquez sur **Modifier message**.

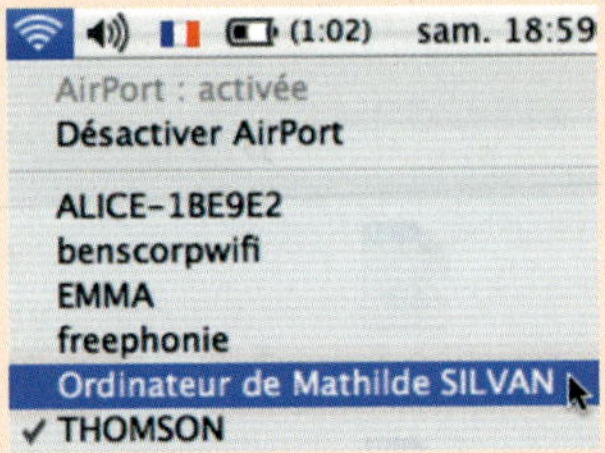

2 Si votre Mac est connecté à Internet sans fil, cliquez sur l'icône **Airport** en haut à droite de votre écran pour vérifier que vous êtes bien connecté à votre réseau sans fil.

Ajoutez un serveur smtp

Lorsque vous êtes en déplacement avec votre Mac portable, il vous faut ajouter un autre serveur **smtp**.

1 Cliquez sur **Préférences** dans le menu **Mail** en haut à gauche.

2 Cliquez sur **Comptes** .

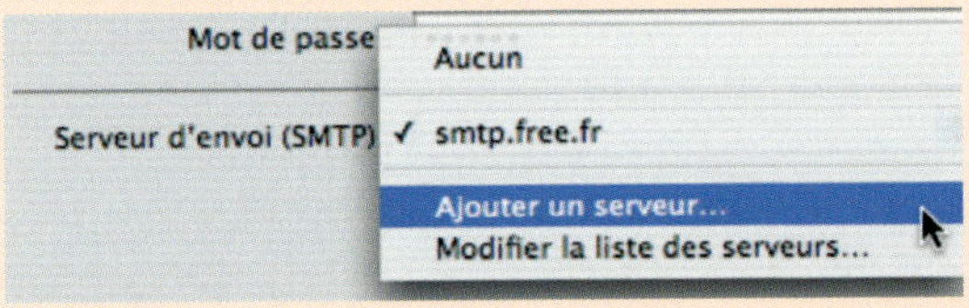

3 Cliquez sur le menu déroulant **Serveur d'envoi** et sélectionnez **Ajouter un serveur**.

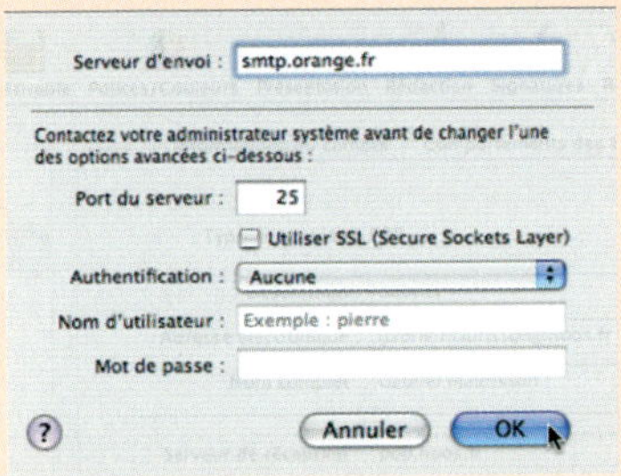

4 Inscrivez le nom du nouveau serveur selon ce modèle :

`smtp.nomduFai.fr`

puis cliquez sur **OK**.

5 N'oubliez pas de resélectionner l'ancien serveur smtp puisque c'est celui que vous utilisez le plus.

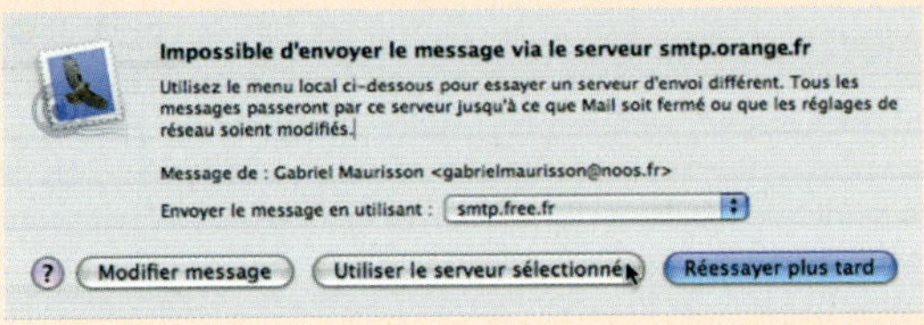

6 Expédiez à nouveau un e-mail. Vous retrouvez le même message d'erreur, mais vous pouvez maintenant modifier le serveur smtp grâce au menu déroulant. Sélectionnez celui que vous venez d'ajouter puis cliquez sur **Utiliser le serveur sélectionné**.

J'ai envoyé un e-mail mais il n'est jamais arrivé : que faire ?

Pour parvenir à son destinataire, l'e-mail suit un chemin similaire à celui d'une lettre acheminée par la Poste. Il peut donc lui arriver les mêmes problèmes.

Comprendre un « Mail Delivery system »

Lorsque vous recevez un e-mail comportant « Mail Delivery system » en tant qu'expéditeur, cela signifie que l'un de vos messages a été refusé.

1 Ouvrez le message.

The Postfix program

<gabrielmaurissonn@noos.fr>: host mx.noos.fr[82.216.111.1] said: 550
<gabrielmaurissonn@noos.fr>: Recipient address rejected: User unknown

2 Observez les deux lignes situées sous « The postfix program ».

3 Au bout de la deuxième ligne, vous trouvez la cause de ce message. Il existe deux possibilités « User unknown » (mail inconnu) ou « Mailbox full » (boîte aux lettres saturée).

Le saviez-vous ?

Il arrive parfois que vous ne receviez pas de « Mail Delivery system » alors même que votre correspondant n'a pas reçu votre message. Dans ce cas là, vérifiez l'adresse à laquelle vous l'avez envoyé. Il est possible que l'adresse tapée ne soit pas la sienne mais celle de quelqu'un d'autre !

Réagissez à un « Mail Delivery system »

● L'adresse e-mail est erronée ?

1 Dans la boîte d'envoi, sélectionnez votre e-mail.

2 Cliquez sur le bouton **Réexpédier** .

3 Corrigez l'adresse de votre correspond et cliquez sur **Envoyer** .

● La boîte de votre correspond est pleine ?

1 Signalez le problème à votre correspond afin qu'il vide les messages de sa propre boîte aux lettres.

2 Appliquez la procédure décrite ci-dessus, une fois qu'il a réussi à la vider.

Je n'arrive plus à recevoir mes e-mails : que faut-il faire ?

Alors que vous ouvrez votre logiciel Mail, vous ne recevez aucun e-mail. Vous vous trouvez face à la même difficulté que lorsque votre boîte à lettres est vide : vous n'avez pas de correspondants ou alors « la Poste ne fonctionne plus ».

Recherchez l'origine du problème

1 Ouvrez **Mail** dans le **Dock**.

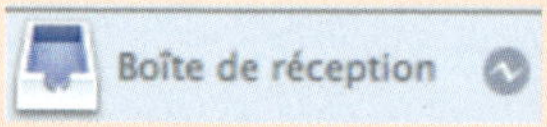

2 Si vous trouvez un petit éclair à droite de la boîte de réception, c'est que vous rencontrez une difficulté, sinon vous n'avez simplement pas de correspondance aujourd'hui.

Le conseil de Gabriel

Un correspondant a assuré vous avoir expédié un e-mail que vous n'avez toujours pas reçu. Il faut savoir que le délai entre l'envoi et la réception d'un e-mail peut parfois être long. Si le message n'arrive pas, demandez-lui de vous réexpédier l'e-mail. Votre correspondant a peut-être commis une erreur de son côté.

Trouvez la solution

1 Cliquez sur l'éclair .

2 Cliquez sur **Relever** .

3 Si l'éclair s'affiche à nouveau, cela signifie que vous n'êtes plus connecté à Internet (voir fiche 96).

4 Une fois la connexion rétablie, cliquez sur **Relever** .

Comment bien utiliser mon webmail ?

Le webmail vous offre la possibilité de consulter vos e-mails à partir de n'importe quelle connexion à Internet. C'est exactement comme si vous aviez accès en permanence à votre boîte à lettres.

Connectez à votre webmail

L'exemple utilisé ici est Orange mais les webmails fonctionnent tous de manière identique.

1 Dans la barre d'adresses de Safari, saisissez : `www.orange.fr`

2 Cliquez sur **Messagerie** en haut, au centre de la fenêtre.

3 Cliquez sur votre adresse e-mail.

4 Saisissez votre mot de passe e-mail et cliquez sur **Valider**.

Le saviez-vous ?

Si vous êtes à votre domicile, vous êtes automatiquement authentifié. Le site ne vous demande donc pas votre mot de passe.

Utilisez votre webmail

Vous retrouvez les mêmes fonctions que sur **Mail** :

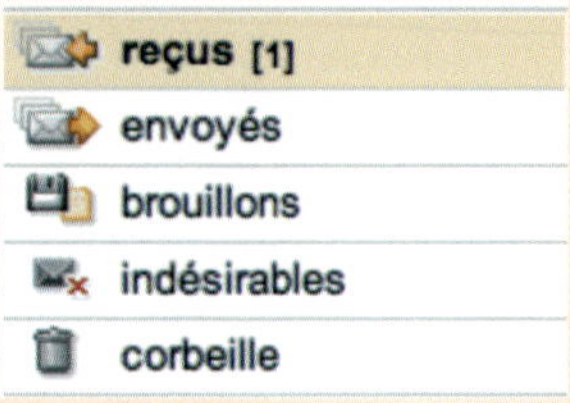

1 À droite, l'ensemble de vos boîtes aux lettres (avec un nom légèrement différent). Un clic sur une boîte permet de consulter les e-mails. La boîte sélectionnée apparaît en orangée.

2 Pour consulter un message, cliquez sur son titre ou sur le nom de l'expéditeur.

3 Enfin, pour supprimer un ou plusieurs messages, cochez-les puis cliquez sur le bouton **Supprimer**.

Le saviez-vous ?

Si vous utilisez le carré tout en haut de la liste, l'ensemble des messages est sélectionné.

Rédigez un message

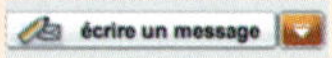

1 Cliquez sur **Écrire un message**.

2 Remplissez les champs (comme dans **Mail**).

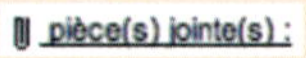

3 Si vous souhaitez ajouter une pièce-jointe, cliquez sur **pièce(s) jointe(s)**.

4 Cliquez sur **Choisir le fichier**.

5 Sélectionnez le fichier puis cliquez sur **Choisir**.

6 Cliquez **Joindre** puis sur **Valider** en bas à droite de votre fenêtre.

7 Cliquez sur **Envoyer**.

Comment filtrer les messages indésirables avec Mail ?

■ Parmi les e-mails que vous recevez quotidiennement, certains vous arrivent avec un expéditeur inconnu. C'est exactement comme la publicité intempestive dans votre boîte aux lettres. Cependant, Mail a une solution pour limiter les messages indésirables, appelés spam.

Activez le filtre pour les messages indésirables

1 Dans le menu **Mail**, cliquez sur **Préférences**.

2 Dans la barre en haut de la fenêtre, cliquez sur **Indésirable**.

3 Cochez **Filtrer le courrier indésirable**.

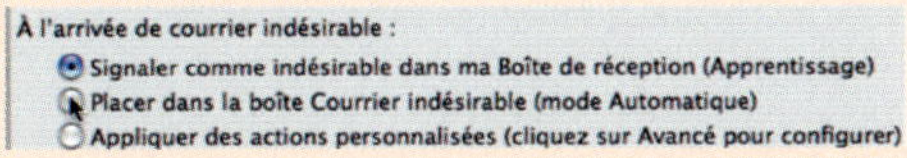

4 Cliquez sur **Placer dans la boîte Courrier indésirable**.

Utilisez le filtre message indésirable

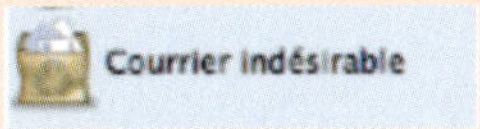

1 Une nouvelle boîte aux lettres est apparue dans **Mail**. Dès que Mail considère un message indésirable, il le place dans **Courier indésirable**.

2 Lorsque vous recevez un message indésirable, sélectionnez le et cliquez sur **Indésirable**. Il va automatiquement se placer dans **Courrier indésirable**.

3 Régulièrement, allez voir les messages qui sont placés dans **Courrier indésirable** car il arrive à **Mail** de se tromper. Si c'est le cas, sélectionnez le message et cliquez sur **Désirable** . Le message est placé alors dans la boîte de réception.

Le conseil de Gabriel

Si vous recevez de nombreux messages indésirables, **Mail** n'arrivera pas à les filtrer. La gêne pouvant devenir très importante, vous pouvez créer une nouvelle adresse e-mail et prévenir vos correspondants du changement. Pour cela, rendez-vous sur le site de votre **FAI**, à la rubrique **Compte**.

Comment ajouter automatiquement mon nom à la fin de mes e-mail ?

■ À la fin de vos e-mail, vous pouvez faire apparaître automatiquement des informations récurrentes : vos nom, prénom, adresse. Pour cela, Mail propose de créer des signatures afin de vous éviter de saisir ces informations à la fin de chacun de vos e-mails.

Créez des signatures

1 Dans **Mail**, cliquez sur **Préférences**, dans le menu **Mail** qui se situe en haut à gauche de votre écran.

1 Une nouvelle fenêtre s'ouvre. Dans la barre du haut, cliquez sur **Signatures**.

3 Sélectionnez votre adresse e-mail dans la colonne de gauche.

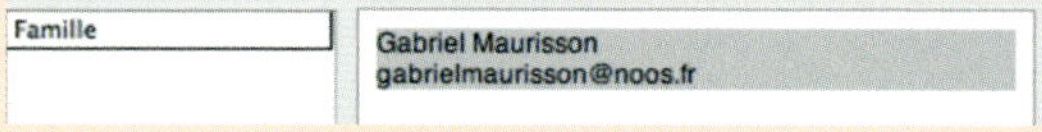

4 Pour créer une nouvelle signature, cliquez sur le **plus**. Puis indiquez un nom à cette signature. Par défaut, **Mail** intègre automatiquement dans la signature votre nom et votre adresse e-mail.

5 Un simple clic dans le cadre de droite, vous permet de modifier la signature par défaut.

6 Vous pouvez supprimer et ajouter des informations et également ajouter des espaces pour une présentation plus aérée.

Le conseil de Gabriel

Si vous utilisez une signature très régulièrement, vous pouvez la définir par défaut. En bas de la fenêtre, cliquez sur le menu défilant **Choisir la signature** et sélectionnez celle que vous désirez.

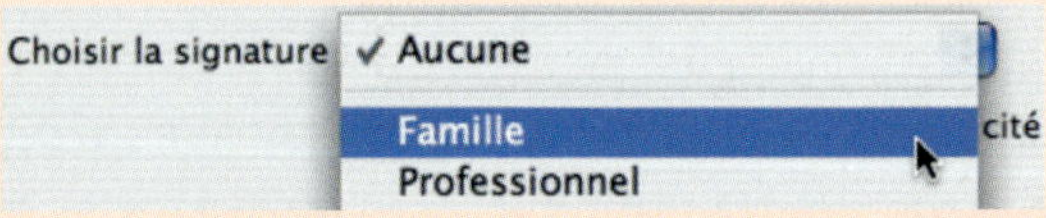

7 En suivant la même procédure, il est possible de créer plusieurs signatures. Par la suite, pour supprimer une signature, sélectionnez-là puis cliquez le **moins** [-].

8 Fermez la fenêtre des **Préférences**.

Insérez une signature dans un e-mail

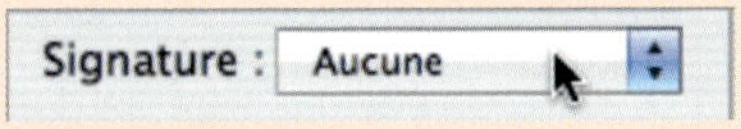

1 Rédigez votre e-mail comme d'habitude. Lorsque vous avez terminé, cliquez sur le menu défilant **Signature**.

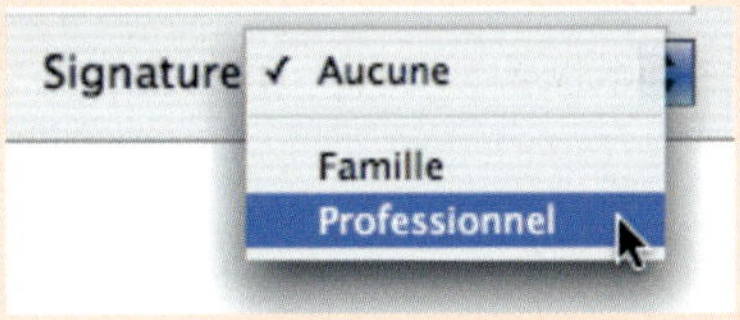

2 Sélectionnez le nom de la signature souhaitée. Celle-ci s'intègre automatiquement à la fin de votre e-mail.

Le Quiz de Gabriel

■ Et maintenant, un petit quiz pour tester vos connaissances !

1 Pour envoyer une photographie par e-mail, vous ouvrez :

1 iTunes

2 iPhoto et Mail

3 le Finder

2 Le compte pop est l'équivalent d'une :

1 boîte aux lettres dans votre immeuble

2 boîte aux lettres à la Poste

3 enveloppe

3 Le webmail permet de consulter ses e-mails :

1 uniquement de chez soi

2 uniquement en dehors de son domicile

3 de partout

4 Le carnet d'adresses est disponible depuis Mail :

1 Vrai

2 Faux

Réponses

1 = 2 ; 2 = 1 ; 3 = 3 ; 4 = 1

Mais que puis-je faire sur Internet ?

Aujourd'hui tout le monde vous parle d'Internet. Certaines personnes n'achètent un Mac que pour aller sur Internet. Internet est comme une immense bibliothèque numérique qui facilite bien souvent la vie au quotidien.

Internet et le Web : un nouvel univers à découvrir sans plus tarder !

Informez-vous chaque jour grâce à Internet !

- Sur Internet, la recherche d'informations peut s'effectuer à l'aide de sites spécialisés appelés moteurs de recherche (voir fiche 60).
- Internet propose de nombreux sites d'information ciblée. Ainsi le journal « Notre Temps » propose un site Internet à destination des Seniors :

`www.notretemps.com`

Trouvez des informations pratiques

- Sur Internet, de nombreuses démarches administratives sont réalisables à partir du site du gouvernement :

`www.administration24h24.gouv.fr`

- Les pages blanches et les pages jaunes sont accessibles facilement :

`www.pagesjaunes.fr`

• Pour visualiser des bandes annonces de films et trouver une séance de cinéma, le site allociné est très pratique :

www.allocine.fr

• Si vous recherchez un itinéraire pour accomplir un trajet en voiture, ou un simple plan, le site Mappy propose une solution complète :

www.mappy.fr

• Afin de vérifier les horaires d'un magasin sur l'ensemble de la France, utilisez le site :

www.les-horaires.fr

Suivez l'actualité quotidienne

• Divers sites référencent de très nombreux articles d'actualité :

http://fr.news.yahoo.com/

L'actualité peut aussi être consultée à partir des sites des grands journaux comme :

www.lemonde.fr

• À travers le journalisme citoyen, Internet permet d'accéder à une information différente où l'actualité est rédigée par tous les internautes qui le souhaitent. Voici un exemple de site qui permet les débats et les échanges d'idées :

www.agoravox.fr

Achetez des produits en ligne

• Si vous achetez dans des supermarchés « en ligne », vous serez livré à domicile, dans la semaine suivant votre commande. Vous pourreez aussi mieux comparer les prix des articles :

www.ooshop.fr

www.picard.fr

• Une grande variété de produits culturels est disponible sur de grands sites marchands comme :

www.fnac.com

www.amazon.fr

Souvent, ces sites vous permettent en outre d'accéder à des avis d'utilisateurs (voir fiche 65).

Organisez le voyage de votre vie

Internet révolutionne complètement la manière de préparer vos voyages en permettant de tout organiser vous-même.

- Les sites des guides de voyages comportent des forums afin d'échanger des idées avec d'autres voyageurs :

`www.routard.com/comm_forums.asp`

- Vous pouvez réserver votre billet de train ou d'avion :

`www.voyages-sncf.com`

`www.opodo.fr`

Certaines compagnies permettent de vous enregistrer avant votre arrivée à l'aéroport, par exemple :

`www.airfrance.fr`

- La réservation d'hôtel peut s'effectuer à partir des sites indiqués ci-dessus ou à partir de sites comparateurs d'hôtels, avec des avis utilisateurs et des photographies :

`www.venere.fr`

Comment effectuer ma première recherche sur Internet ?

■ Internet est une immense bibliothèque virtuelle dans laquelle vous allez rechercher des informations qui sont disponibles sur les sites Web. Tout comme les catalogues en papier à l'entrée des bibliothèques, vous recherchez à l'aide d'un catalogue qui porte le nom de « moteur de recherche ». Le site « Google » est le plus populaire des moteurs de recherche.

Rechercher facilement sur le Web va bientôt devenir une habitude quotidienne.

Effectuez votre première recherche avec Google

1 Dans le **Dock**, ouvrez **Safari** en cliquant sur son icône.

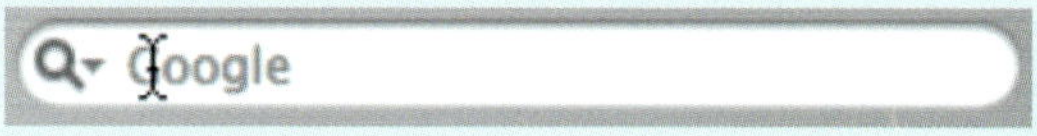

2 Cliquez sur le champ en haut à droite où il est indiqué **Google**.

3 Saisissez votre votre recherche en tapant tout simplement des mots clés (et non des phrases). Puis appuyez sur la touche **Entrée** du clavier.

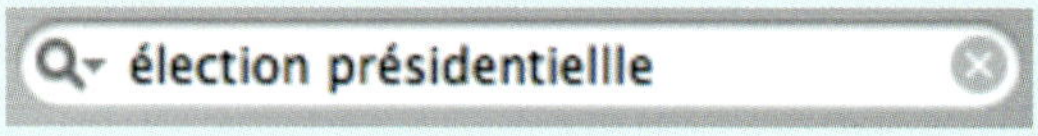

4 Si vous désirez effacer votre recherche, cliquez sur la petite croix à droite.

5 Google vous permet aussi de corriger d'éventuelles fautes de frappe lors de la saisie de votre demande.

6 Google vous propose alors une liste de sites Web susceptibles de répondre à votre demande. En haut de la page, en bleuté et à droite, vous trouvez aussi des liens vers des sites commerciaux (il s'agit d'entreprises qui ont acheté les mots que vous avez recherché dans Google : à chaque fois que vous cliquez dessus, l'entreprise paye une somme d'argent à Google).

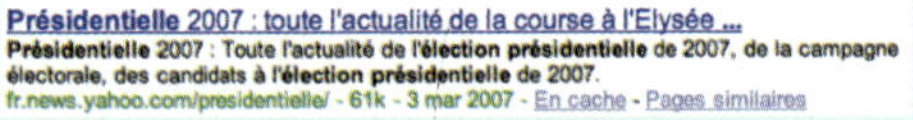

7 Cliquez sur les titres en bleu afin d'accéder aux sites Internet comprenant les mots que vous avez tapés pour lancer votre recherche. Juste en dessous, un petit résumé vous permet de voir dans quel contexte ces mots sont présents. En vert, s'affiche l'adresse du site, ce qui vous permet de connaître l'auteur de la page avant de cliquer (ici yahoo!).

8 Plus la recherche est large, plus les résultats proposés sont nombreux. Google affiche alors ces résultats sur plusieurs pages. Pour examiner les différentes pages de résultats et passer à la page suivante, cliquez sur **Suivant** en bas de la page.

Comment améliorer les résultats de mes recherches sur Internet ?

Internet est une immense toile dans laquelle il est parfois difficile de se repérer. La recherche peut devenir parfois aussi difficile que de trouver une aiguille dans une botte de foin. Dans cette fiche, il est donc temps de vous fournir quelques astuces…

Dans Google, filtrez les résultats de vos recherches

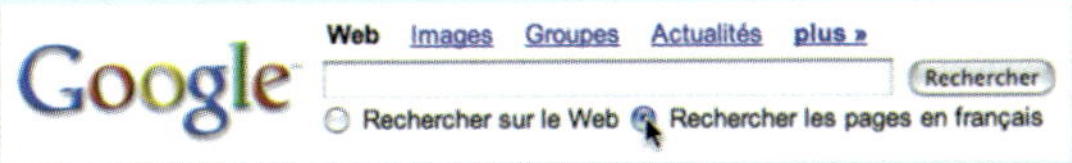

- Pour n'afficher que les résultats de pages Web en français, cliquez sur le bouton à gauche de **Rechercher les pages en Français** puis cliquez sur **Rechercher**.
- Il est également possible de préciser la nature des informations recherchées. Au-dessus du champ **Recherche**, cliquez sur **Images** ou sur **Actualités**.

Limitez les résultats de vos recherches

- Si vous entourez les mots de votre recherche de guillemets, Google cherche alors l'expression et non chaque mot séparément. C'est très pratique pour trouver l'auteur d'une phrase ou une expression.

- Pour aller plus loin, cliquez sur **Recherche avancée**. Vous avez la possibilité d'effectuer une recherche en excluant certains mots, en déterminant la langue ou en limitant même la recherche à un site Internet.

Recherchez sur Internet en faisant appel à plusieurs moteurs de recherche

Chaque moteur de recherche produit des résultats en fonction de calculs sur la fréquence du mot recherché et le nombre de fois où la page a été consultée. Si vous ne parvenez pas à obtenir des résultats satisfaisants avec Google, essayez d'effectuer la même recherche dans d'autres moteurs de recherche comme :

Yahoo! : `www.yahoo.fr`

ou :

Exalead : `http://www.exalead.fr`

Le conseil de Gabriel

Pour réussir une recherche sur Internet, démarrez vos recherches par la méthode la plus simple et poursuivez avec une méthode plus compliquée si les premiers résultats ne sont pas satisfaisants.

Comment bien naviguer sur le Web avec Safari ?

Safari est l'application de votre Mac qui permet d'accéder au Web. Mais pour l'utiliser correctement, il est nécessaire de connaître quelques règles de navigation. Apprenons donc ensemble à conduire Safari !

Passez d'une page à l'autre

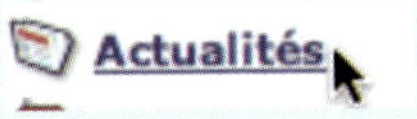

• Passer d'une page Web à une autre s'effectue toujours à l'aide d'un lien. Un lien est la porte d'entrée vers une nouvelle page. Pour cela, il faut cliquer une fois sur le lien. Les liens sont souvent faciles à reconnaître car ils sont soulignés lorsque vous déplacez votre pointeur sur eux.

• Mais attention ! Il arrive très souvent que les liens apparaissent sous forme d'une image ou d'un texte non souligné. Pour les repérer, vous devez connaître l'organisation des sites Web (voir fiche 63).

L'affichage des sites Web

• Dès que vous ouvrez **Safari**, une page Web s'affiche. À partir de cette même page, vous pouvez rejoindre un nouveau site Web. En effet, **Safari** fonctionne comme un tableau de classe que l'on efface. Lorsque vous accédez à un nouveau site Web, la page consultée est remplacée par la nouvelle page demandée.

• À l'intérieur d'une même **fenêtre de site Web**, vous pouvez consulter la multitude de pages Web que renferme le site visité. **Safari** permet en effet de revenir en arrière et en avant : pour cela, ccliquez sur les flèches en haut à gauche de la fenêtre.

Utilisez la barre d'adresses de Safari

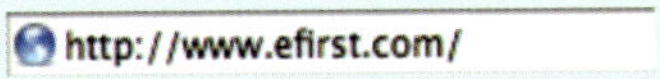

1 Cette barre affiche l'adresse du site que vous êtes en train de consulter. Elle se situe en haut de la fenêtre, au centre.

2 Cliquez dans ce cadre pour saisir une nouvelle adresse de site à visiter puis appuyez sur la touche **Entrée** du clavier.

Le saviez vous ?

Si une adresse est déjà inscrite dans la **barre d'adresses**, sélectionnez-là et appuyez sur la touche **Effacer** du clavier.

3 Si vous avez consulté le site récemment, une liste s'affiche. Cliquez sur le site souhaité.

Le conseil de Gabriel

Safari est intelligent. Vous n'avez jamais besoin de taper la première partie de l'adresse `http://www`. Si, par exemple, vous voulez visiter le site de Yahoo!, saisissez uniquement `yahoo.fr` dans la **barre d'adresses**.

Comment « rafraîchir » le contenu d'une page Web

Rafraîchir une page Web permet de vérifier si le contenu du site Web n'a pas été actualisé. Cela se révèle particulièrement pratique pour les sites d'actualités où les informations données doivent être à jour en permanence.

1 Cliquez sur le bouton **Recharger la page active** .

Le saviez-vous ?

Le bouton **Recharger la page active** permet d'interrompre le chargement (affichage) d'une page si elle n'est pas complètement affichée. Il est alors symbolisé par une croix.

Comment naviguer à l'intérieur d'un site Web ?

■ Saisir l'adresse d'un site web connu ou effectuer une recherche avec Google permet d'arriver sur un site Web. Mais ensuite, il n'est pas toujours facile de se repérer à l'intérieur du site. Comme pour les promenades en montagne, il y a quelques règles à respecter pour ne pas vous perdre.

Naviguez facilement sur un site Web

1 La première page d'un site Web est appelée **page d'accueil**. Vous y trouvez généralement des menus à gauche, à droite et en haut. C'est grâce à ces menus que vous allez pouvoir accéder aux autres pages du site.

2 Pour rentrer dans l'une des rubriques de ces menus, cliquez sur son nom.

3 Parfois, vous verrez des menus déroulants qui proposent des sous-rubriques. Vous le constaterez dès que vous déplacez votre pointeur sur le nom de la rubrique.

4 Les pages suivantes fonctionnent selon le même principe. Vous pouvez revenir à la page d'accueil du site en cliquant sur le nom du site Internet qui, en général, est situé en haut à gauche de la page.

Effectuez une recherche à l'intérieur d'une page

1 Lorsqu'aucune rubrique ne vous permet de trouver l'information souhaitée, la recherche est le meilleur moyen de vous en sortir. Le champ **Recherche** se trouve le plus souvent en haut à droite de la page.

2 Saisissez un ou des mots clés puis appuyez sur la touche **Entrée**.

Visualisez des vidéos

1 Les sites Web contiennent bien souvent des vidéos que vous pouvez visualiser. Celles-ci fonctionnent toutes de manière identique.

2 En bas, vous disposez d'un bouton de lecture  qui permet d'enclencher la lecture ou de mettre en pause la vidéo. Il est possible d'ajuster le volume sonore à droite. Une barre centrale vous informe sur le temps de lecture écoulé.

3 Si la lecture de la vidéo est saccadée, mettez la vidéo en pause pendant une ou deux minutes afin de laisser à **Safari** le temps de charger le reste de la vidéo.

Le saviez-vous ?

Les vidéos sur Internet s'affichent toujours dans des petits cadres. L'utilisation du zoom peut être donc particulièrement pratique pour mieux la voir (voir fiche 5).

Acheter sur Internet ? Mais quels sont les avantages ?

De plus en plus d'internautes français effectuent leurs achats sur Internet. Cette nouvelle pratique présente de nombreux avantages. Même si vous n'achetez pas directement en ligne, vous pouvez visiter les sites de vente en ligne afin de trouver de nombreux renseignements utiles.

Comme des millions d'internautes Français, découvrez les achats en ligne.

Comparez les produits

Internet fourmille de commentaires d'utilisateurs qui vont vous permettre d'identifier le produit le plus satisfaisant.

- Cherchez sur **Google** en tapant le nom du produit et en ajoutant le mot **test**.
- Vous pouvez également visiter les sites marchands pour consulter les avis des utilisateurs sur un produit précis. Une fois sur la fiche d'un produit, regardez en bas de la page. Vous pouvez parfois trouver une note moyenne attribuée par les utilisateurs.

Décelez le meilleur prix

Internet est également utile pour comparer les prix avant d'acheter.

1 Des sites Internet nommés « comparateurs de prix » (par exemple celui de Yahoo : `www.kelkoo.fr`) sont à votre disposition. En haut, dans le champ recherche, saisissez le nom du produit et cliquez sur **Chercher**.

2 Vous pouvez trier les résultats de la recherche selon une seule catégorie, en cliquant sur celle souhaitée.

3 Une liste de produit apparaît avec les prix respectifs. Dans la description du produit, les frais de port sont précisés. Vous pouvez donc très facilement comparer les différentes offres.

Le saviez vous ?

Certains produits apparaissent avec des prix qui varient très fortement selon les magasins. Ainsi les prix des DVD sont très volatils. On trouve toujours des différences qui vont de 5 à 15 euros sur un même DVD.

Acheter sur Internet, est-ce sûr ?

Indiquer son numéro de carte bleue sur un site Internet demeure une source de crainte pour de nombreux internautes. Cependant, si vous respectez la procédure ci-dessous, vous n'aurez plus aucune raison de vous inquiéter.

1 Vous devez d'abord savoir si le site Internet est digne de confiance ou non. Pour cela, s'il ne s'agit pas d'une grande marque connue, pourquoi ne pas taper son nom sur **Google** afin de recueillir des avis utilisateurs.

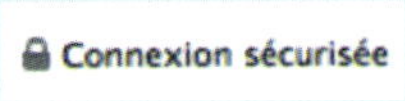

2 Sur la page réservée au paiement, vous devez vérifier qu'il s'agit d'un site Web **sécurisé**. En bas de la page, un texte ou une icône vous en informe systématiquement (voir ci-dessous). Ainsi, vous saurez que les données fournies au site Web sont cryptées afin que personne n'y ait accès. Si c'est le cas, vous n'avez plus aucune crainte à avoir.

Sachez reconnaître facilement les sites marchands qui sont parfaitement sécurisés.

Comment fonctionnent les sites marchands sur Internet ?

■ Les sites de vente sur le Web fonctionnent tous suivant les mêmes principes. C'est exactement comme les magasins dans la rue : ils disposent tous d'une caisse, de vendeurs, *etc.*

Mettez un article dans votre panier

Prenons l'exemple du site Amazon (`www.amazon.fr`) qui permet d'acheter des produits culturels et multimédia.

1 Trouvez un article en le cherchant grâce au champ **Recherche** ou à l'aide des différents menus (voir fiche 63).

2 Cliquez sur son titre.

3 Sur cette page, vous trouvez un résumé et des commentaires des clients.

4 À droite, dans un cadre bleuté, le prix et les délais de livraison sont rappelés. Cliquez sur **Ajouter au panier**.

5 Une nouvelle page apparaît résumant les articles que vous avez placés dans votre panier. Vous pouvez retourner acheter de nouveaux articles si vous le souhaitez.

Le saviez-vous ?

Le panier est toujours accessible rapidement en haut à droite de la page 🛒. Cette page vous permet de supprimer les articles en cliquant sur **Supprimer** (Supprimer).

Validez votre commande

Passer la commande

1 Cliquez ensuite sur **Passer la commande**.

2 Une nouvelle page demande de vous connecter sur votre compte. Saisissez votre adresse e-mail et votre mot de passe. Si vous ne disposez pas de compte, Amazon vous propose d'en créer un. Cliquez sur **Continuer** Continuer (serveur sécurisé).

Destinataire : Modifier

3 Une fenêtre récapitule votre commande. Vous pouvez choisir l'adresse du destinataire en cliquant sur **Modifier**.

Options cadeaux Non Modifier

4 Il est possible de demander un papier cadeaux et d'ajouter un message personnel.

5 Puis cliquez sur **Validez votre commande**.

6 Une page récapitule votre commande et le site vous envoie par la suite un e-mail de confirmation.

Le conseil de Gabriel

Pour suivre l'état de votre commande ou l'annuler, connectez-vous sur votre compte, sur le site Internet.

Les boutiques en ligne sont nombreuses sur le Web. À vous de sélectionner les meilleures.

Comment télécharger des données depuis un site Web ?

Sur Internet, de nombreux sites vous proposent de télécharger des fichiers. Il peut s'agir de formulaires, documents, images, chansons, icônes, ou des nouveaux logiciels pour votre Mac.

Demandez un téléchargement

Prenons l'exemple du téléchargement d'une icône (le processus est identique pour télécharger d'autres sortes de fichiers).

1 Dans le **Dock**, cliquez sur **Safari**.

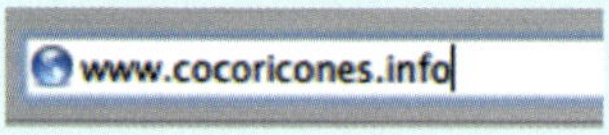

2 Dans la barre d'adresses, saisissez l'adresse : `www.cocoricones.fr`.

3 Appuyez sur la touche **Entrée**.

4 Sur la première page du site, vous trouvez des icônes avec une colonne à leur droite. Cliquez sur **Télécharger**.

Téléchargez un élément

1 Le téléchargement débute dans une nouvelle fenêtre. Il peut être instantané mais il peut aussi durer plusieurs minutes suivant la taille de l'élément.

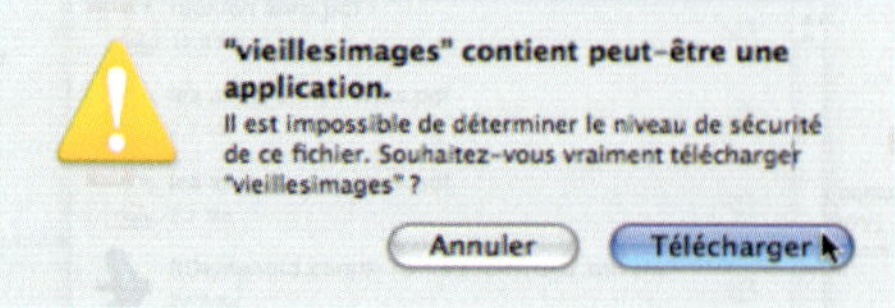

2 Un message vous demande de confirmer votre téléchargement en vous indiquant qu'il ne peut garantir le niveau de sécurité. Ne vous inquiétez pas : sur Mac, il n'y a aucun risque. Cliquez sur **Télécharger**.

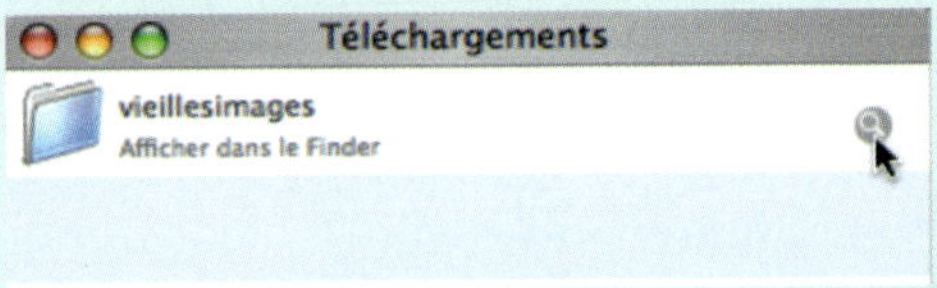

3 Dans la fenêtre **Téléchargements**, cliquez sur la loupe pour voir apparaître le fichier dans le **Finder**.

Le conseil de Gabriel

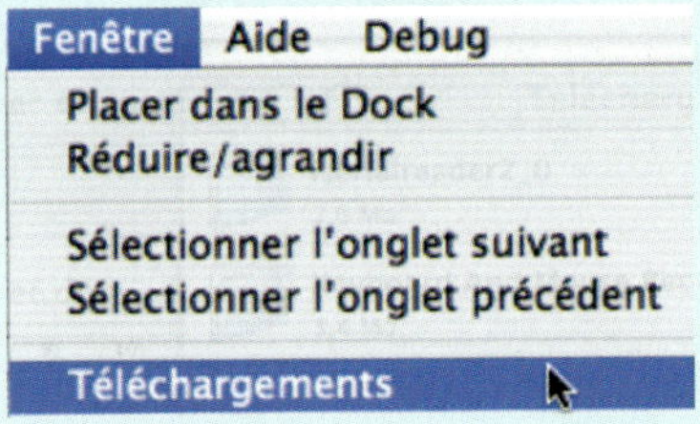

Si vous téléchargez plusieurs éléments à la suite, la fenêtre **Téléchargements** n'apparaît pas à nouveau au premier plan. Pour la visualiser, cliquez sur **Téléchargements**, dans le menu **Fenêtre**.

Comment conserver l'adresse d'un site Web qui me plait ?

Si vous découvrez des sites (à l'aide de Google ou d'un autre moteur de recherche), il est par la suite très pratique de conserver l'adresse des sites que vous appréciez le plus. Safari vous propose de les conserver sous la forme d'un carnet d'adresses.

Conservez vos adresses Web favorites

1 Depuis la page d'accueil du site, cliquez sur le bouton **Ajouter un signet** [+] à gauche de l'adresse.

2 Une fenêtre apparaît au centre de votre page. Saisissez un nom pour le signet.

3 Cliquez sur le menu déroulant pour sélectionner le dossier où vous souhaitez l'enregistrer (voir ci dessous).

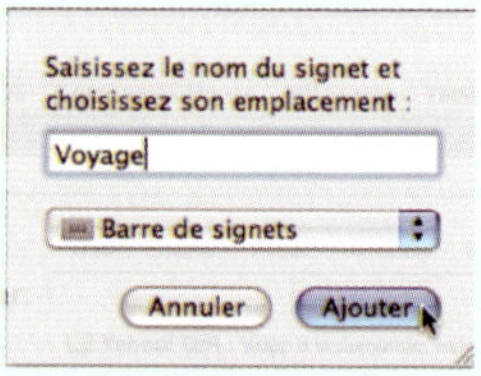

4 Cliquez sur **Ajouter**.

5 L'adresse apparaît alors dans la **Barre de signets**, juste en dessous de la barre d'adresses.

Organisez vos signets

1 Cliquez sur le petit livre situé à gauche de la barre des signets.

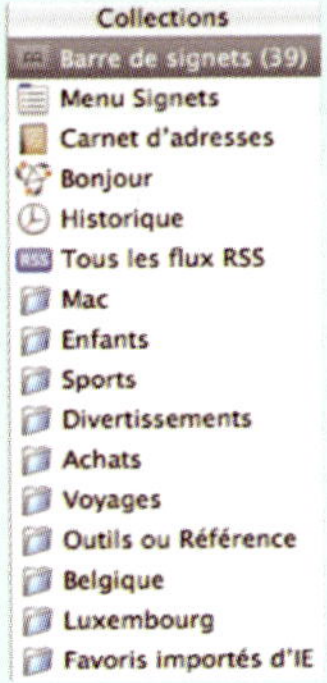

2 Au sein de la colonne de gauche **Collections**, vous retrouvez la **Barre de signets** mais aussi une série de dossiers thématiques : **Sports**, **Voyages**. Un simple clic sur le nom du dossier fait apparaître les signets sur la colonne de droite. Un double clic sur le signet permet de consulter le site Internet.

3 Si vous souhaitez supprimer un signet ou une collection de signets, cliquez sur son nom et appuyez sur la touche **Effacer** du clavier.

4 Pour créer un nouveau dossier de signets ou une nouvelle collection, cliquez sur le bouton **Créer** dans la colonne de gauche (collection) ou de droite (dossier).

5 Le déplacement d'un signet dans un dossier s'effectue par un glisser-déposer sur l'icône du dossier.

6 Pour sortir de cette **fenêtre**, cliquez sur le petit livre .

Le saviez-vous ?

Si vous avez activé le mode **onglets** (voir fiche 69), vous pouvez également cocher le **Clic Auto**. Une fois activé, lorsque vous cliquez sur le nom du **dossier** dans la **Barre de signets**, s'ouvrent autant d'**onglets** que de sites Internet. C'est très pratique, notamment pour consulter vos pages favorites le matin avant de partir.

Comment retrouver un site web que j'ai consulté quelques jours plus tôt ?

■ Lorsque vous surfez sur le Web, il arrive d'oublier le nom ou l'adresse des sites Web consultés. Heureusement, Safari peut vous aider en mémorisant toutes les pages que vous consultez : l'historique.

Utilisez le menu Historique

1 Dans la barre des menus de **Safari**, cliquez sur **Historique**. S'ouvre un menu qui permet d'accéder aux sites Web consultés récemment.

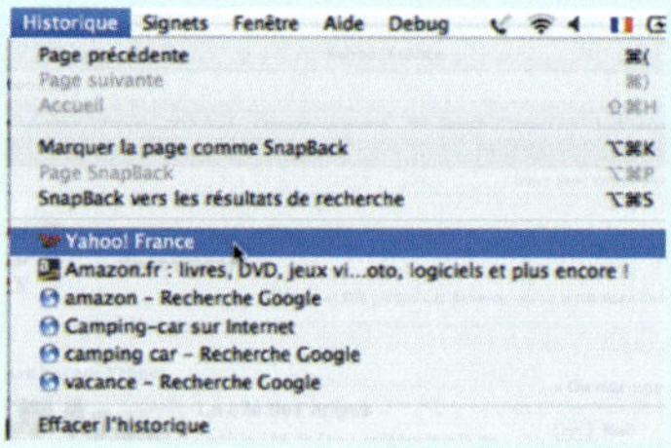

2 Cliquez sur le nom du site Web de votre choix.

Recherchez dans l'Historique

Safari offre également la possibilité d'effectuer une recherche dans l'historique. C'est très pratique si vous avez consulté récemment beaucoup de sites Web.

1 Cliquez sur le petit livre, en haut à gauche de la fenêtre.

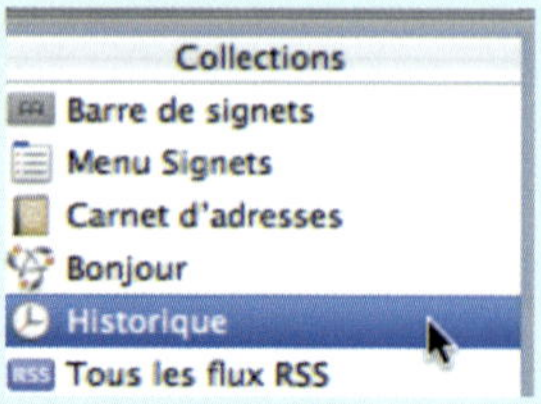

2 La page consultée est remplacée temporairement par la fenêtre des **Signets**. Cliquez sur **Historique** dans la colonne **Collections**.

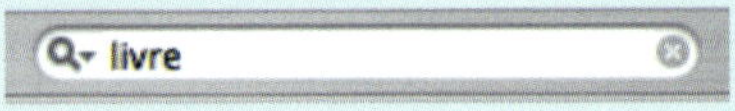

3 Saisissez le nom ou une partie du nom du site Web souhaité dans le champ recherche, en bas au centre de la fenêtre.

4 Immédiatement, le résultat apparaît au-dessus, vous n'avez plus qu'à double-cliquer sur le site pour qu'il s'affiche dans la même fenêtre.

Le saviez-vous ?

Safari ne conserve que les 100 derniers sites Web, pour une durée maximale de 7 jours. L'historique doit donc être consulté rapidement.

Comment bien configurer Safari ?

■ Safari permet d'activer des fonctions très pratiques pour faciliter votre navigation sur le Web. La mise en place est très rapide, alors pourquoi vous en priver ?

Personnalisez Safari

1 Dans le menu **Safari**, cliquez sur **Préférences**.

2 Dans **Générales**, vous pouvez modifier la page d'accueil. Saisissez son adresse.

3 En dessous, définissez grâce au menu déroulant l'endroit où sont enregistrés les fichiers téléchargés.

Le conseil de Gabriel

Si vous téléchargez beaucoup de fichiers sur le Web, créez un dossier sur le **Bureau** afin d'éviter qu'il y ait trop d'éléments sur ce dernier.

Bloquez les fenêtres surgissantes

Lorsque vous arrivez sur un site Web, certaines fenêtres s'ouvrent automatiquement. Cette pratique peut-être irritante. Heureusement, vous pouvez les bloquer.

1 Cliquez sur le menu **Safari**.

2 Cliquez sur **Bloquer les fenêtres surgissantes**.

Sauvegardez vos mots de passe

Safari peut retenir l'ensemble de vos mots de passe afin de vous éviter de les saisir à chaque fois.

1 Dans le menu **Safari**, cliquez sur **Préférences**.

2 Cliquez sur **Remplissage Automatique** .

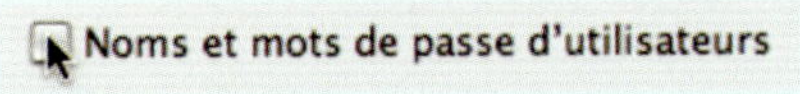

3 Cochez **Noms et mots de passe d'utilisateurs**.

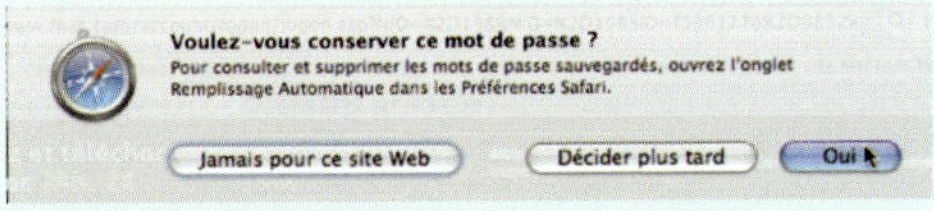

4 La prochaine fois que vous saisissez un nom d'utilisateur et un mot de passe, une fenêtre vous propose de retenir le mot de passe. Cliquez sur **Oui**.

Le saviez-vous ?

Les sites Web très sécurisés comme les banques empêchent se système de fonctionner afin de protéger efficacement vos données personnelles.

Safari protège vos mots de passe.

Le Quiz de Gabriel

Et maintenant, un petit quiz pour tester vos connaissances !

1 Pour lancer une recherche sur Internet, saisissez votre texte et :

1. tapez sur la touche Entrée du clavier
2. double-cliquez sur le texte
3. tapez sur la touche Pomme du clavier

2 L'historique permet de retrouver un site Internet que vous avez consulté il y a moins de :

1. trois mois
2. une semaine
3. deux semaines

3 Dans Safari, lorsque vous souhaitez changer de site Internet, il faut :

1. ouvrir une nouvelle fenêtre
2. utiliser la même fenêtre
3. quitter Safari et l'ouvrir à nouveau

4 L'utilisation de votre carte bleue sur Internet est sécurisée :

1. lorsque la page vous l'indique
2. toujours
3. si vous connaissez le site et si celui-ci affiche la mention connexion sécurisée

Réponses

1 = 1 ; **2** = 2 ; **3** = 2 ; **4** = 3

Comment Importer un CD de musique dans iTunes ?

■ Vous pouvez importer dans iTunes la musique contenue dans vos CD audio. En quelques clics de souris, vous disposerez dans votre Mac de l'ensemble de votre discothèque.

Importez votre premier CD audio

1 Insérez le CD audio dans la fente située à droite ou devant votre Mac. Après un temps de chargement du CD, le logiciel **iTunes** s'ouvre automatiquement.

2 Si vous ouvrez **iTunes** pour la première fois, vous devez accepter le contrat de licence. Ensuite, **iTunes** vous propose de choisir si, à l'ouverture, le logiciel affiche votre bibliothèque musicale ou alors le **iTunes Music Store**. Le premier choix est le meilleur. Cliquez sur **Terminé**.

3 Si vous êtes connecté à Internet, votre Mac va chercher automatiquement le nom de l'album, le nom des pistes musicales sur un site Internet spécialisé dans le référencement des CD de musique. C'est très pratique car vous n'aurez pas à rentrer le nom des morceaux. Votre CD apparaît dans **iTunes**, dans la colonne **Source** et le logiciel le sélectionne automatiquement.

Le Mac avec iTunes, le meilleur tandem pour écouter vos musiques favorites.

4 Suivant la version de **iTunes** installée sur votre Mac, l'importation ne se fait pas au même endroit. Il y a deux possibilités : soit vous cliquez en bas à droite avec ce bouton , soit vous cliquez en haut à droite .

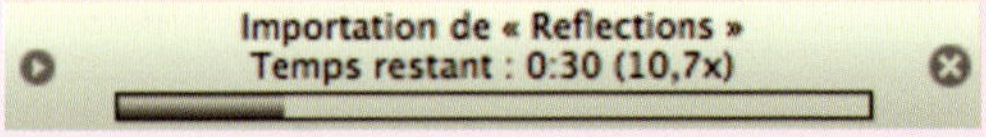

5 L'importation de tous les morceaux débute. À gauche de chaque morceau, un petit signe vous indique les morceaux importés et celui qui est en cours d'importation . Une fois le premier morceau importé, **iTunes** commence la lecture. Enfin, l'écran en haut au centre vous indique le temps restant pour l'importation du morceau. L'importation totale peut varier entre 3 et 10 minutes. Un petit bruit signale la fin de l'importation.

6 Les morceaux importés se trouvent dans la **Bibliothèque**, section **Musique** .

7 Ensuite, pour éjecter le CD audio du Mac, cliquez sur le petit signe à sa droite dans la liste **Source** , ou alors tapez sur la touche du clavier ayant le même signe, tout en haut à droite.

Le saviez-vous ?

Vous pouvez décider de n'importer que certains morceaux de votre CD audio : pour cela, réalisez un glisser-déposer des morceaux sélectionnés dans la section **Musique** (ou bien glissez-déposez une liste de lecture).

Comment écouter la radio sur mon Mac ?

La radio, elle aussi, est passée à l'heure de l'Internet. C'est un changement radical dans votre quotidien : vous allez pouvoir écouter vos émissions favorites en direct ou en différé. Celles-ci sont accessibles gratuitement grâce à iTunes. Avec les *podcasts*, vous pouvez vous abonner à vos programmes de radio favoris, télécharger leurs émissions quotidiennes (appelées épisodes) et les écouter quand vous semble.

Bienvenue dans un nouveau monde, celui des podcasts ! Le « podcasting » (ou « baladodiffusion ») permet la diffusion gratuite de fichiers audio sur Internet. Souvent proposés par les chaînes de radio, ces fichiers sont appelés **podcasts**. Vous les téléchargez sur votre Mac afin de les écouter sur votre **iPod** (ou tout autre baladeur audio numérique), ou tout simplement sur votre Mac. Ainsi, vous pourrez écouter un podcast n'importe où, n'importe quand et aussi souvent que vous le souhaitez.

Abonnez-vous aux podcasts de votre choix

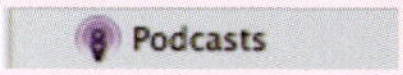

1 Dans la colonne de droite de **iTunes**, cliquez sur **Podcast**.

2 En bas à droite de la fenêtre, cliquez sur **Répertoire des podcasts**. Le fonctionnement est identique à celui d'**iTunes music store** (voir fiche 74).

3 Saisissez le nom de la radio ou de l'émission dans la recherche, en haut à droite. Puis appuyez sur la touche **Entrée** du clavier.

4 Cliquez sur le bouton **S'abonner** 

.

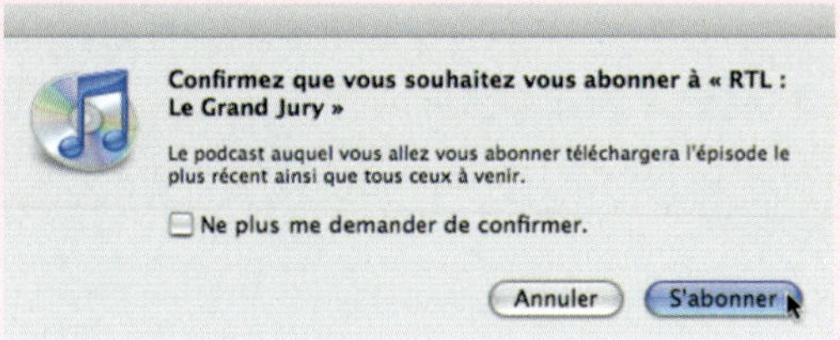

5 Une fenêtre vous demande de confirmer votre souhait de vous abonner et de télécharger l'émission la plus récente. Cliquez sur **S'abonner**.

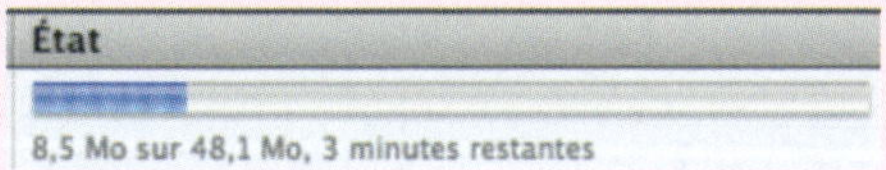

6 Patientez quelques minutes pendant le téléchargement. Pour vérifier le temps restant, cliquez **Téléchargement**, dans la colonne de droite. Une barre indique la progression.

Écoutez votre podcast

1 Cliquez sur **Podcasts**.

2 Cliquez sur la petite flèche à gauche du titre. La liste des émissions disponibles apparaît.

Le conseil de Gabriel

Une fois que vous ne consultez plus une émission, n'hésitez pas à refermer la liste en cliquant de nouveau sur la petite flèche. En effet, lorsque vous êtes abonné à plusieurs émissions, la fenêtre **Podcasts** devient difficile à utiliser avec toutes les flèches ouvertes.

3 Pour écouter une émission, double cliquez sur son titre.

4 Si l'émission apparaît en grisé, cela signifie que vous ne l'avez pas encore téléchargé. Cliquez sur **Obtenir** 

afin de déclancher le téléchargement.

Gérez votre abonnement au Podcast

Tant que vous êtes abonné, **iTunes** télécharge les nouveaux épisodes disponibles. Cependant, vous pouvez paramétrer cette fonction.

1 Dans la fenêtre **Podcasts**, cliquez sur **Réglages** en bas à droite de l'écran 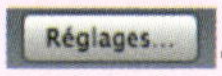

.

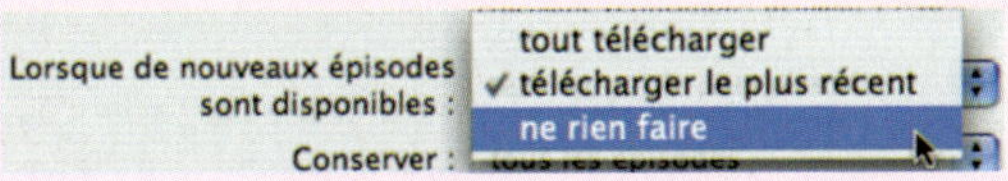

2 Le deuxième menu déroulant permet de fixer la règle appliquée par **iTunes** lors du téléchargement. En plus du réglage par défaut, vous pouvez télécharger tous les épisodes ou n'en télécharger aucun.

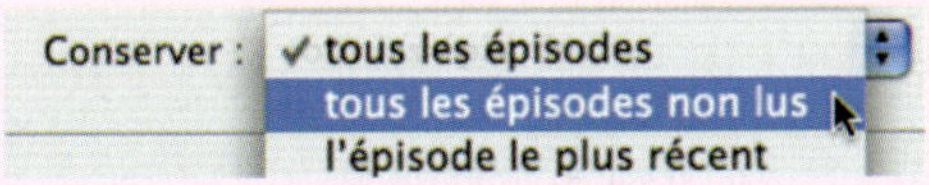

3 Le dernier menu permet d'indiquer le nombre d'émissions que **iTunes** doit conserver. Par défaut, **iTunes** les conserve toutes. Cependant, une émission de radio s'écoute rarement plusieurs fois. Pour changer le réglage, cliquez sur le menu déroulant.

4 Cliquez sur **OK**.

Abonnez-vous aux podcasts pour écouter des émissions audio quand vous voulez.

Pour vous désabonner d'un Podcast

1 Sélectionnez l'émission dont vous ne souhaitez plus télécharger les différents épisodes.

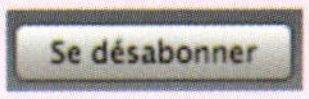

2 Cliquez en bas à gauche sur le bouton **Se désabonner**.

Le saviez-vous ?

En vous désabonnant, vous ne supprimez pas les Podcasts. Si vous souhaitez les supprimer, reportez-vous à la fiche 73.

Comment graver un CD de musique avec iTunes ?

■ Une fois stockés ou achetés sur iTunes, vos morceaux de musique peuvent être gravés sur un CD audio que vous écouterez sur votre lecteur CD de salon, chez des amis… ou en voiture !

Préparez la gravure sur iTunes

1 Dans le menu **iTunes**, en haut à gauche de votre fenêtre, cliquez sur **Préférences**.

2 Cliquez sur **Avancé**, puis sur **Gravure**.

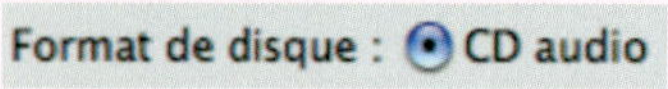

3 Vérifiez que le format sélectionné est bien CD audio. Sinon cliquez sur **CD audio**.

Le saviez-vous ?

Très répandu, le format audio MP3 permet de stocker beaucoup plus de musique sur un même CD. Cependant, de nombreux lecteurs CD ne savent pas lire les CD contenant de la musique en MP3. Vérifiez ce point dans la notice de votre lecteur avant d'utiliser le format MP3.

4 Cliquez sur **OK**.

5 Créez une liste de lecture et placez-y les morceaux que vous souhaitez écouter.

Le conseil de Gabriel

Soyez vigilant à la capacité de stockage de votre CD. Un CD audio contient au maximum 70 ou 80 minutes de musique (en qualité dite « qualité CD »). Le décompte s'affiche en bas au centre de la fenêtre.

Gravez le CD audio

Pour graver vos morceaux de musique, vous devez disposer d'un CD vierge. Il est possible d'en acheter dans tous les magasins d'informatique. Cependant, choisissez soit des CD qui se gravent une seule fois (R) ou que vous pouvez re-graver (RW) à plusieurs reprises.

1 Insérez le CD dans votre lecteur.

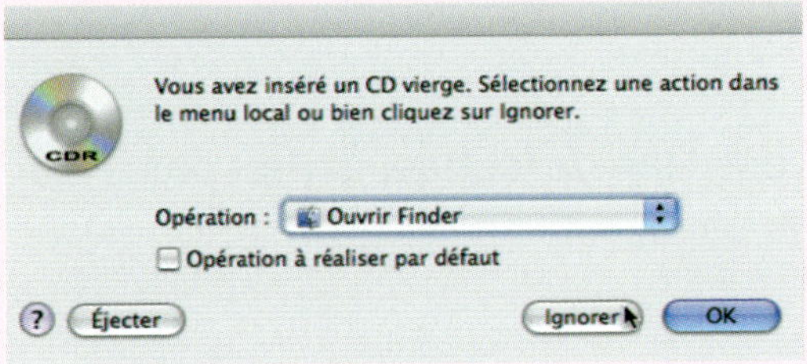

2 Après quelques secondes, une fenêtre apparaît. Cliquez sur **Ignorer**.

3 Sélectionnez la liste de lecture sur **iTunes**. Puis cliquez sur **Graver le disque**. Suivant la version d'**iTunes**, le bouton est en bas ou en haut à droite, exactement comme pour l'importation d'un CD (voir fiche 70).

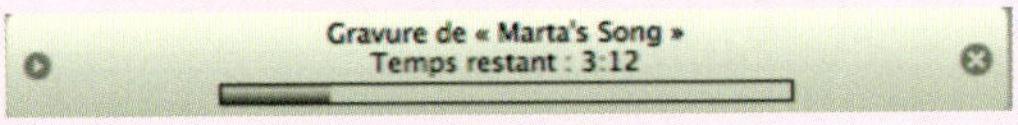

4 En haut au centre de la fenêtre, une barre horizontale vous permet de suivre le temps restant pour l'accomplissement de la gravure.

5 Un petit bruit vous signale que la gravure est terminée. Éjectez le CD à l'aide du clavier.

Comment supprimer un morceau de musique dans iTunes ?

■ Le logiciel iTunes ne possède pas sa propre Corbeille. Cela explique pourquoi iTunes se montre particulièrement vigilant lorsque vous souhaitez supprimer un morceau de musique...

Supprimez un morceau de musique

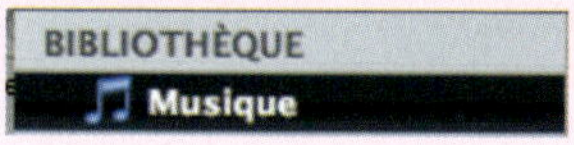

1 Cliquez sur **Musique**.

Le saviez-vous ?

Si vous supprimez un morceau dans une liste de lecture, il n'est pas effacé dans la bibliothèque de **iTunes**.

2 Pour supprimer définitivement un morceau ou une liste de morceaux, sélectionnez-les et appuyez sur la touche **Effacer** du clavier.

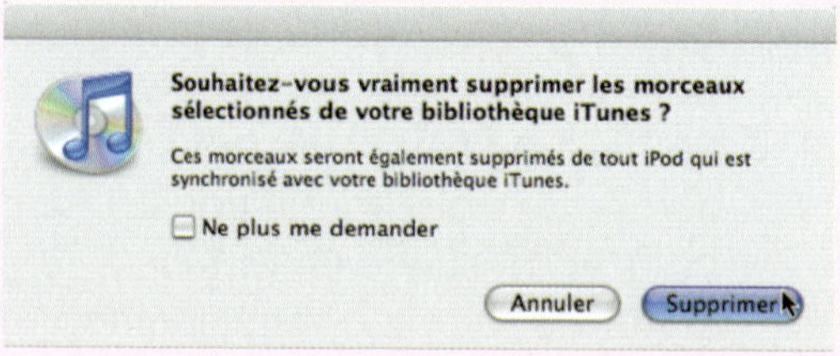

3 Une fenêtre vous demande de valider votre décision, cliquez sur **Supprimer**.

Le conseil de Gabriel

Cette fenêtre est inutile dans la mesure ou la fenêtre suivante vous permet également d'annuler l'opération. Si vous souhaitez qu'**iTunes** ne l'affiche plus, cliquez sur le carré à droite de **Ne plus me demander**.

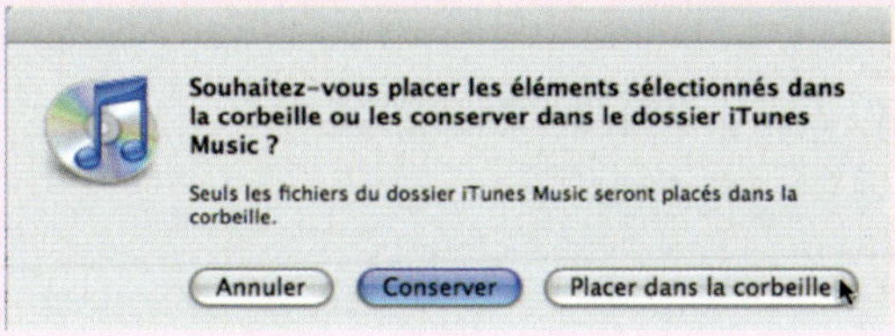

4 Une dernière fenêtre demande si vous souhaitez placer les fichiers dans la corbeille. Cliquez sur **Placer dans la corbeille**.

5 La suppression sur votre Mac sera définitive après avoir vidé la **Corbeille** du **Dock** (voir fiche 42).

Comment acheter un morceau de musique avec iTunes ?

iTunes permet d'acheter de la musique depuis votre Mac en évitant de vous déplacer dans un magasin. Un morceau de musique coûte 1 euros et un album entier 10 euros. Une fois téléchargé, vous pouvez graver votre musique sur CD ou la transférer sur votre iPod.

Créez votre compte sur iTunes

1 Cliquez sur **iTunes Music Store**.

2 En haut à droite de la fenêtre, cliquez sur **Ouvrir une session** [Ouvrir une session].

3 Dans la nouvelle fenêtre qui apparaît, cliquez sur **Créer un nouveau compte** [Créer un nouveau compte].

4 Une fenêtre vous informe sur les conditions d'utilisation des morceaux. En bas à droite, cliquez sur **Accepter** [Accepter].

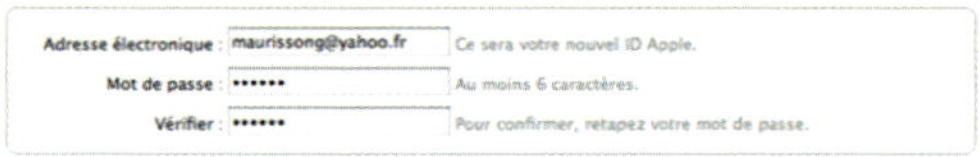

5 Dans la nouvelle fenêtre, inscrivez votre adresse e-mail ainsi qu'un mot de passe.

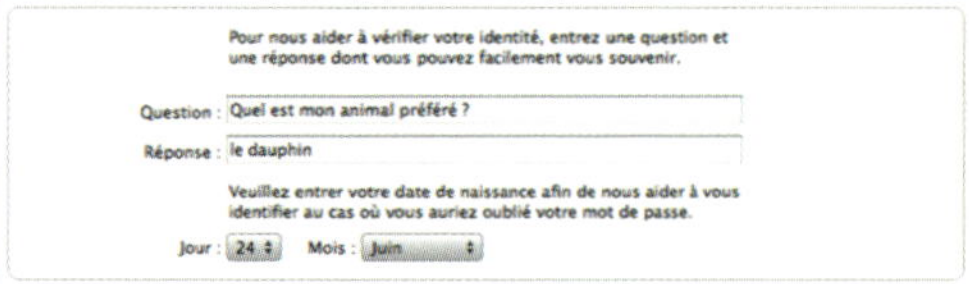

6 Saisissez une question avec une réponse (que l'on vous posera en cas de perte de votre mot de passe, afin de vous aider à retrouver celui-ci). Puis cliquez sur les menus déroulants afin de définir le jour et le mois de votre date de naissance.

7 Cliquez sur **Continuer**.

8 Saisissez vos codes de carte bleue (soyez rassuré : la page est sécurisée, vous ne risquez rien).

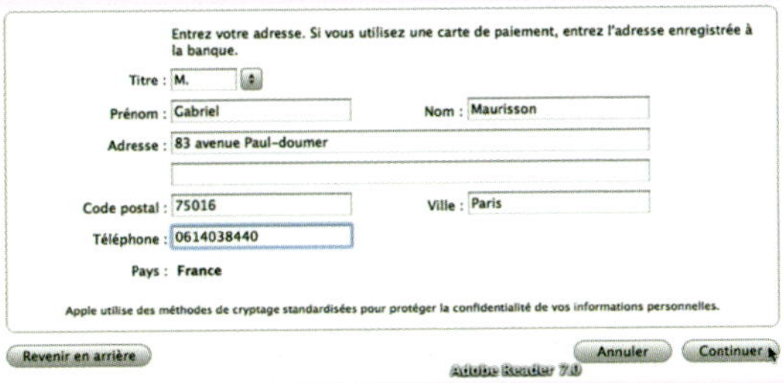

9 Remplissez le formulaire concernant le détenteur de la carte bleue, puis cliquez sur **Continuer**.

10 Une fenêtre vous confirme la création de votre compte. Cliquez sur **Terminé**.

Achetez un morceau de musique

1 Vous pouvez parcourir le magasin par genre musical grâce à la colonne de droite. Mais si vous recherchez un morceau précis, le plus simple est d'utiliser le champ de recherche en haut à droite de l'écran (tapez une indication puis appuyez sur la touche **Entrée**).

2 La fenêtre est divisée en deux. En haut, vous trouvez les albums et en bas la liste des morceaux. Un double clic sur un morceau vous permet de l'écouter durant 30 secondes.

3 Pour acheter un morceau ou un album, cliquez sur le bouton correspondant ACHETER LE MORCEAU.

4 Dans la colonne de droite, un dossier temporaire apparaît pendant le téléchargement Téléchargeme....

5 Une fois ce dernier disparu, cliquez **Achats** afin de retrouver le morceau ou l'album acheté Achats.

Comment écouter ma musique numérique sur mon baladeur ?

La musique numérique peut désormais s'écouter à l'aide de baladeurs MP3 qui ont pris la relève des Walkman. Les iPod d'Apple sont les plus connus. Grâce à iTunes, vous pouvez transférer très facilement une partie ou l'ensemble de votre musique stockée sur le Mac dans un iPod.

Branchez votre iPod pour la première fois

Vous avez besoin de votre iPod et du fil **USB** fourni avec l'appareil.

1 Allumez votre iPod. Puis reliez le à l'ordinateur à l'aide du fil **USB**. La fiche la plus petite se raccorde à votre Mac et la fiche la plus grosse à l'extrémité inférieure de l'iPod. Automatiquement l'iPod passe en mode transfert **USB**.

2 **iTunes** s'ouvre automatiquement.

3 Saisissez le nom de votre iPod puis cliquez sur **OK**.

Le saviez-vous ?

Vous pouvez changer son nom ultérieurement en cliquant une première fois sur son nom dans la colonne de droite puis une deuxième fois quelques secondes plus tard. Vous n'avez plus qu'à saisir le nouveau nom que vous souhaitez lui donner.

Transférez votre musique sur votre iPod

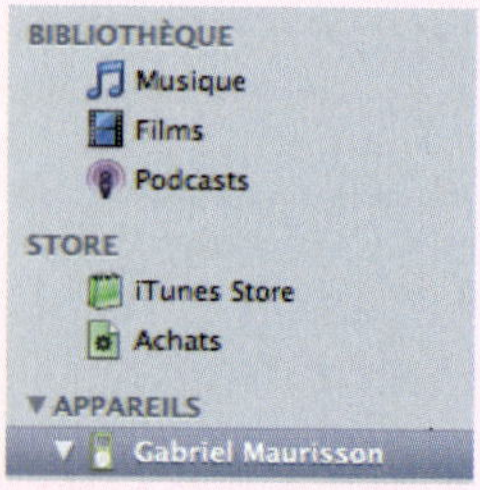

1 Cliquez dans la colonne droite sur votre iPod.

2 Par défaut, la synchronisation automatique est activée. L'ensemble des morceaux de musique de votre Mac sont alors transférés sur votre iPod. Cependant, si vous souhaitez transférer manuellement la musique, cliquez dans les options sur **gérer manuellement la musique**.

Le saviez-vous ?

La synchronisation automatique présente un inconvénient majeur. Elle supprime les morceaux qui ne sont plus sur votre Mac de votre iPod.

3 Pour effectuer les transferts, vous devez dès lors effectuer des glisser-déposer des morceaux ou liste de lecture vers votre iPod.

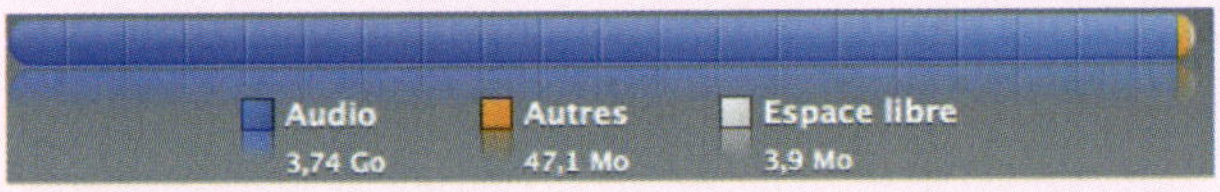

4 En bas au centre, une barre vous indique la manière dont est occupée la mémoire de votre iPod.

5 Pour éjecter l'iPod, cliquez sur le petit signe à sa droite, dans la liste **Source**.

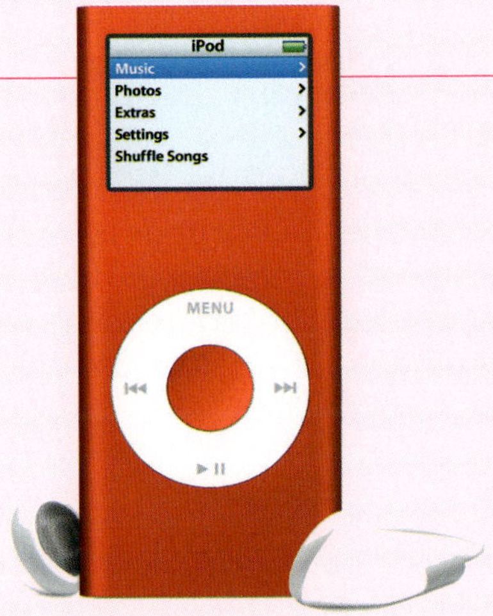

Transférez facilement toute la musique que vous aimez sur votre iPod.

76 Comment transférer les photographies de mon appareil photo numérique vers mon Mac ?

■ Prendre des photographies avec un appareil photo numérique est vraiment agréable, mais pour les regarder c'est une autre affaire ! Votre Mac est l'outil idéal pour cela. Il permet aussi de les partager avec vos proches.

Préparez l'importation des photographies numériques

Pour importer vos photos numériques, vous avez besoin de votre appareil photo disposant encore d'une réserve de batterie et du fil **USB** fourni avec l'appareil.

1 Allumez votre appareil photo. Puis reliez-le à l'ordinateur à l'aide du fil **USB**. La fiche la plus grosse se raccorde à votre Mac et la fiche la plus petite à l'appareil photo, habituellement sur la tranche gauche de ce dernier. Automatiquement, votre appareil passe en mode « transfert USB ».

2 **iPhoto** s'ouvre alors avec une fenêtre proposant l'importation. Si vous souhaitez entrer des informations sur les photographies, vous pouvez les saisir dans **Nom du rouleau** et **Description**.

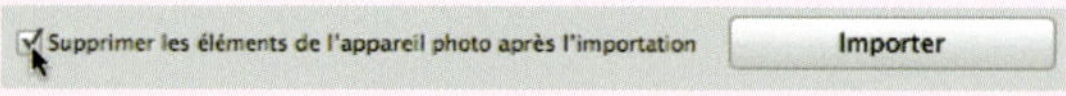

3 En bas, à droite de la fenêtre, cochez **Supprimer les éléments de l'appareil photo après l'importation**, ce qui permet d'effacer les photographies de votre appareil photo pour pouvoir en ajouter de nouvelles par la suite. Mais pas d'inquiétude, **iPhoto** vous demandera toujours votre avis avant de le faire.

Importez vos photographies

1 Cliquez sur **Importer**.

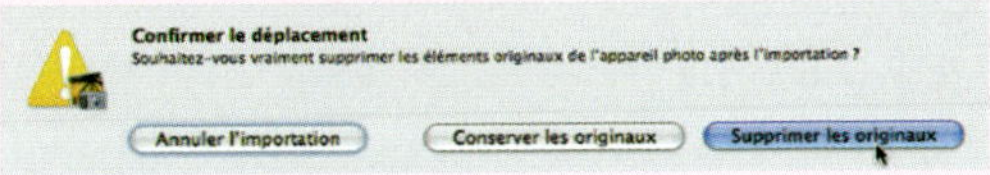

2 **iPhoto** vous demande alors si vous souhaitez supprimer les photographies de votre appareil photo après l'importation.

3 Si vous avez importé préalablement des photographies sans les supprimer de votre appareil photo, **iPhoto** vous propose de ne pas les importer. Cochez **Appliquer à toutes les photos dupliquées** pour ne pas avoir à cliquer plusieurs fois.

4 L'importation terminée, **iPhoto** sélectionne les photographies importées dans la **Photothèque**.

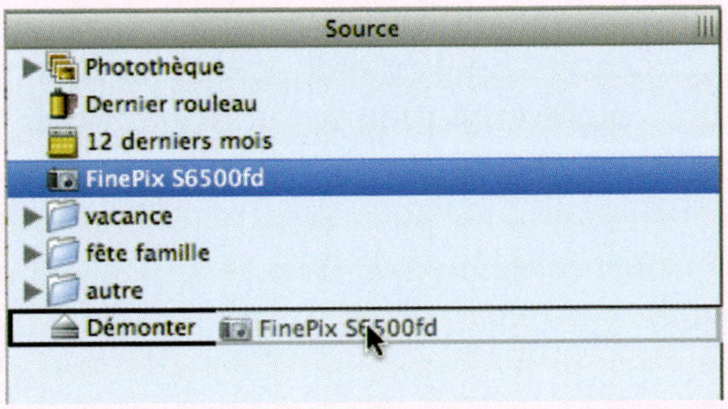

5 Attention ! Avant de débrancher l'appareil photo, il est nécessaire de l'éjecter d'**iPhoto**. Pour cela, glissez dans la **Corbeille** d'**iPhoto** l'icône de l'appareil qui apparaît dans la colonne **Source**, en effectuant un glisser-déposer.

Comment ajouter des informations sur mes photographies ?

Dans un album de photos, on trouve souvent des informations sur le lieu et l'événement que représente chaque cliché. Sur votre Mac, vous pouvez aussi associer ces précieuses informations à chacune de vos prises de vue.

Ajoutez des informations pertinentes à vos photographies

1 Dans **iPhoto**, sélectionnez une photographie.

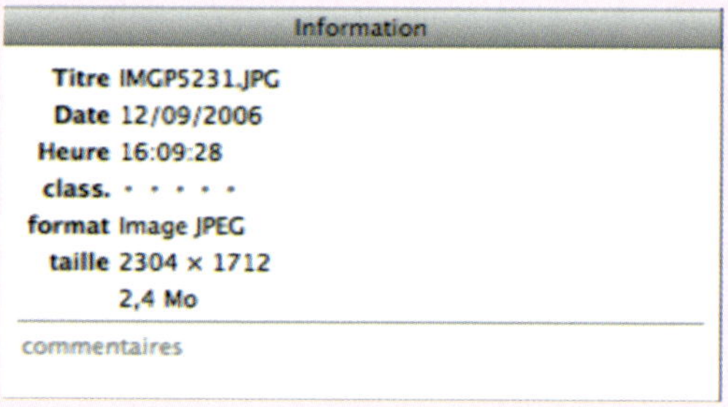

2 Si le volet **Informations** en bas à droite de votre fenêtre n'est pas ouvert, cliquez sur le bouton **i** .

3 Un simple clic sur les champs **Titre**, **Date**, **Heure** ou **Commentaires** vous permet de les modifier. Pour le champ **classement**, plus vous cliquez sur un point à droite, plus vous attribuez un certain nombre d'étoiles à la photographie.

Le conseil de Gabriel

Vous pouvez faire apparaître les titres sous les photographies, dans la photothèque et les albums. Cliquez sur le menu **Présentation**, puis cliquez sur **Titres**.

Ajoutez des informations groupées

Vous pouvez aussi ajouter des informations communes sur plusieurs photographies en même temps.

1 Sélectionnez l'ensemble des photographies que vous souhaitez modifier.

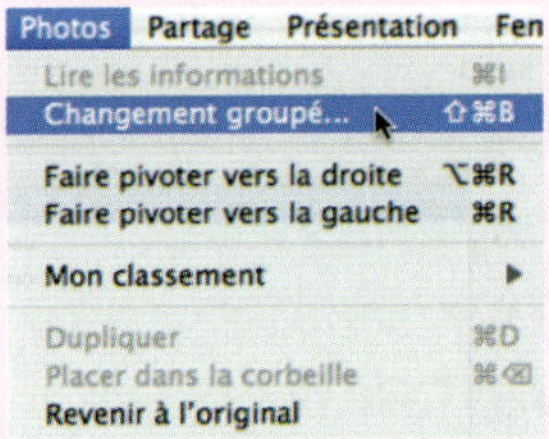

2 Dans le menu **Photos**, cliquez sur **Changement groupé**.

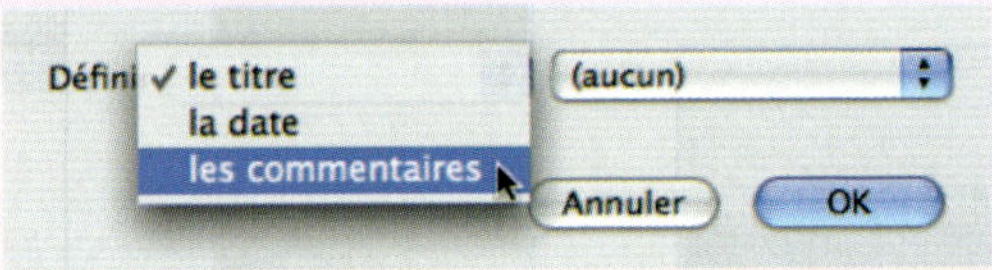

3 Le menu déroulant **Définir** permet de modifier le titre, la date ou les commentaires.

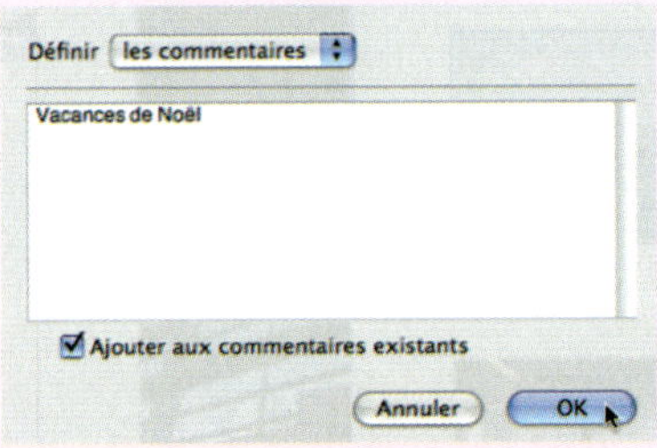

4 Une fois terminé, cliquez sur **OK**.

Le saviez-vous ?

Toutes ces informations saisies soigneusement permettent de retrouver certaines photographies. C'est particulièrement pratique dans le domaine de la photographie numérique où l'on prend beaucoup de clichés.

Comment retoucher et améliorer mes photographies à l'aide d'iPhoto ?

■ La photographie numérique change fondamentalement le rapport à l'image. Après avoir capturé de nombreux clichés, vous pouvez les modifier sur votre Mac grâce aux fonctions de retouche simple et efficace d'iPhoto.

Faites pivotez votre photographie

1 Dans **iPhoto**, sélectionnez une photographie.

2 Dans la barre d'outils en bas à gauche de votre écran, cliquez sur **Faire pivoter**.

Le saviez-vous ?

Pour réaliser une rotation de la photographie de gauche vers la droite, maintenez appuyé la touche **Maj** avant de cliquer sur **Faire pivoter**.

Recadrez votre photographie

1 Double-cliquez sur une photographie.

2 Effectuez un glisser-déposer pour définir un cadre de sélection définissant la partie de l'image que vous désirez conserver. L'autre partie apparaît en grisé.

3 Cliquez sur **Rogner**.

Le saviez-vous ?

Vous pouvez définir des formats prédéfinis en utilisant le menu déroulant **Imposer un format**.

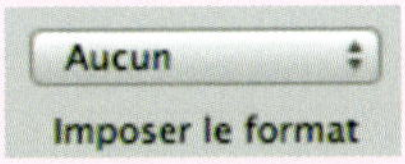

4 Cliquez sur **Terminer** pour valider vos choix.

Le conseil de Gabriel

Par la suite, vous pouvez revenir à la photographie originelle. Sélectionnez la photographie puis cliquez sur **Revenir à l'original**, dans le menu **Photo**. Cependant, toutes les modifications faites sur la photographie depuis le départ sont alors effacées.

Avec iPhoto, améliorez en toute simplicité les photos auxquelles vous tenez le plus !

Transformez les couleurs de votre photographie

L'image peut-être totalement métamorphosée en modifiant l'ensemble des paramètres avec des effets prédéfinis.

1 Cliquez sur **Effets** .

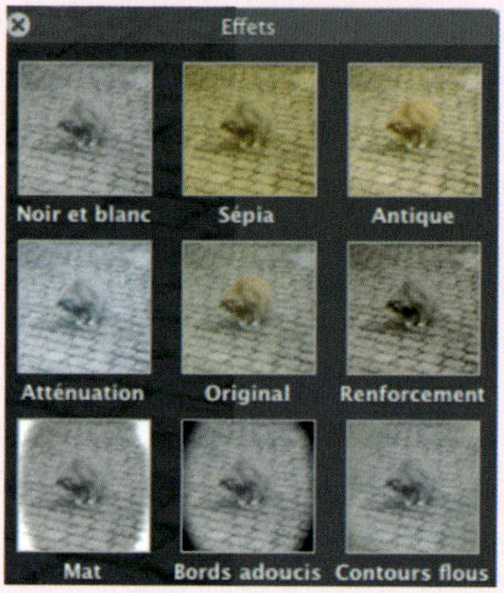

2 Une nouvelle fenêtre apparaît avec différentes propositions comme le noir et blanc.

3 Cliquez sur un choix pour le visualiser à l'écran. Pour revenir à la couleur de départ, cliquez sur **Original** au centre.

4 Cliquez sur la croix en haut à gauche pour fermer la fenêtre.

5 Cliquez sur **Terminer** pour valider vos choix.

Le saviez-vous ?

Si vous souhaitez aller plus loin, utilisez la fonction **Ajuster** . Celle-ci permet de redéfinir la luminosité, le contraste, et de redresser l'image.

Comment visionner un diaporama de mes photographies avec iPhoto ?

■ Vous pouvez regarder vos photographies stockées sur iPhoto en double cliquant une à une chacune des vignettes photographiques. Mais saviez-vous que le logiciel vous propose un système très pratique pour regarder un ensemble de photographies sous la forme d'un diaporama ?

Paramétrez votre diaporama

1 Sélectionnez l'album ou les photographies que vous souhaitez regarder.

2 En bas à droite de la fenêtre, cliquez sur **Lire** ▶.

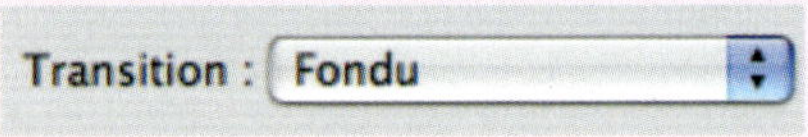

3 Le menu déroulant **Transition** permet de définir la manière dont **iPhoto** passe d'une photo à l'autre. Il existe de très nombreux effets visuels possibles.

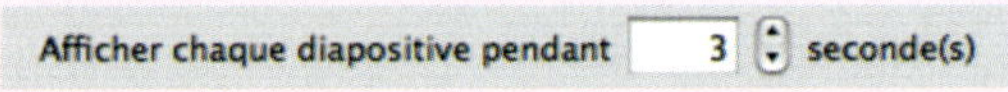

4 En dessous, vous pouvez fixer le temps d'affichage de chaque photographie. Cliquez sur les petites flèches pour augmenter ou réduire ce temps.

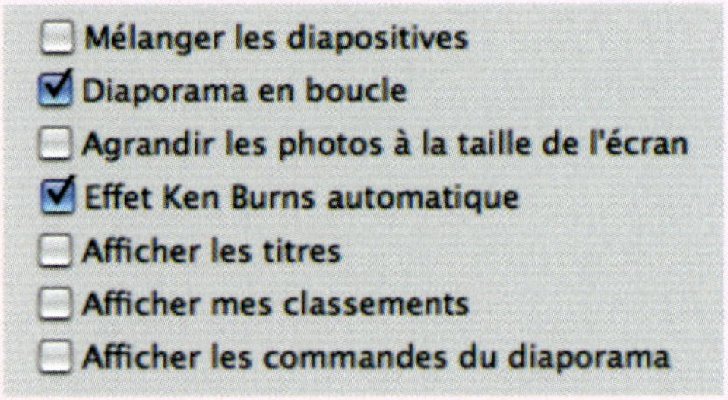

5 Enfin, **iPhoto** propose de personnaliser l'affichage de votre diaporama. Cochez le petit carré à gauche de chaque option pour l'activer ou la désactiver.

6 Si vous souhaitez intégrer de la musique à votre diaporama, cliquez sur **Musique**.

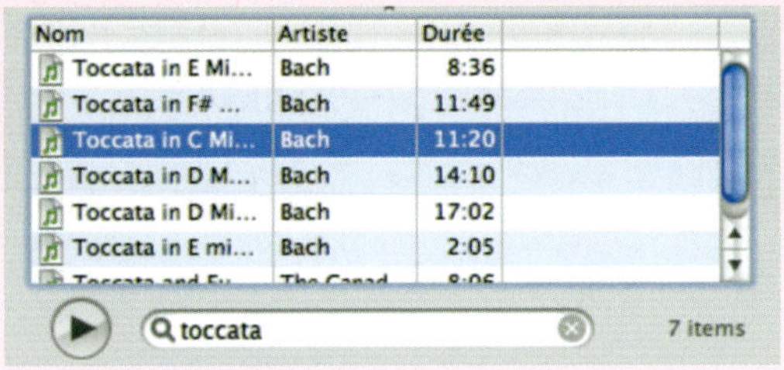

7 Saisissez le nom du morceau dans le champ de recherche, puis sélectionnez-le dans la liste au-dessus.

8 Pour conserver les réglages fixés, cliquez sur **Enregistrer les réglages**.

Le saviez-vous ?

Vous pouvez également utiliser la fonction **Diaporama** . La configuration se déroule d'une manière identique, mais cette fois-ci, un dossier **diaporama** est créé dans la colonne **Sources**. C'est une excellente solution si vous préparez un diaporama avant l'arrivée d'amis ou de votre famille. En revanche, elle peut devenir contraignante par la création de multiples dossiers qu'il faut supprimer par la suite.

Visualisez un diaporama

1 Cliquez à nouveau sur le bouton **Lire** ou sur votre diaporama sur la colonne de droite suivant l'option choisie.

2 Cliquez sur **Lire**.

3 Le diaporama se lance en plein écran. Pour en sortir, appuyez sur la touche **Esc** du clavier.

Comment commander des tirages photographiques depuis iPhoto ?

■ Voulez-vous réaliser de véritables photographiques ou faire des cadeaux d'images à partir de vos meilleures photos numériques ? À l'aide d'iPhoto, vous pouvez commander des tirages papier qui vous parviendront quelques jours plus tard, dans votre boîte à lettre. Pratique !

Configurez d'abord votre compte

Si vous n'avez pas créé de compte sur **iTunes** reportez-vous préalablement à la fiche 74. En effet, il s'agit du même compte qui est utilisé dans les deux cas.

1 Dans **iPhoto**, sélectionnez une photographie .

2 Cliquez sur **Commander des tirages** , en bas à droite de la fenêtre.

3 Cliquez sur **Configurer le compte**.

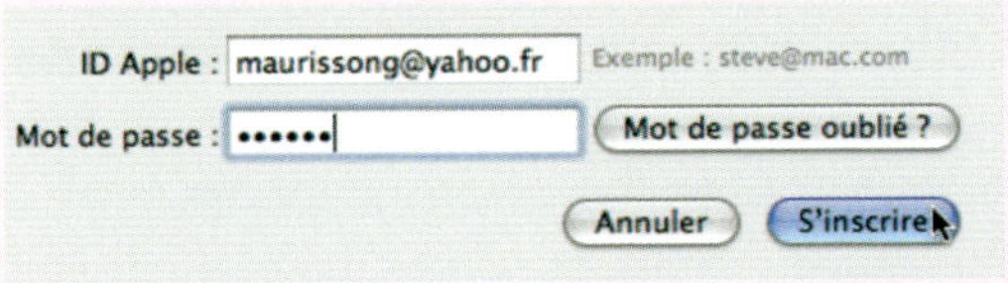

4 Saisissez l'email et le mot de passe configuré à l'aide d'**iTunes**. Puis cliquez sur **S'inscrire**.

5 Dans la nouvelle fenêtre, les informations rentrées sur **iTunes** sont déjà saisies. Cliquez successivement sur les boutons **Étapes 2** et **Étapes 3**.

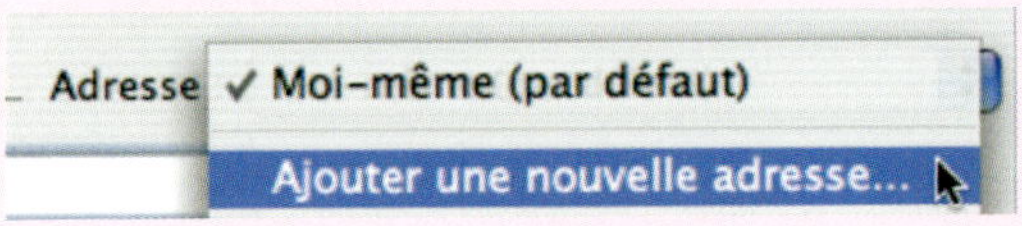

6 L'étape 3 permet de définir les adresses de livraison de vos photographies. Votre adresse est automatiquement entrée mais vous pouvez en rajouter plusieurs. Cliquez sur **Ajouter une nouvelle adresse**, dans le menu déroulant **Adresse**.

7 Remplissez les différents champs.

8 Après avoir saisi l'intégralité de vos adresses de livraison, cliquez sur **Continuer**.

9 Pour sortir de la fenêtre **Commander des tirages**, cliquez sur **Annuler**.

En quelques clics, vos meilleures photos sur papier !

Effectuez votre première commande

1 Sélectionnez les photographies dont vous désirez obtenir le tirage papier (voir fiche 41).

2 Cliquez sur **Commander des tirages** .

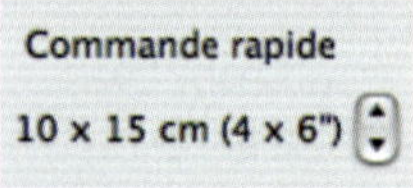

3 Pour commander l'ensemble de vos photographies en format 10 cm x 15 cm, utilisez la fonction **Commande rapide**. Un clic sur la petite flèche du haut permet de rajouter un tirage pour toutes les photographies.

10 x 15 cm (4 x 6")	€0,21 chaque	0
13 x 18 cm (5 x 7")	0,69 chaque	0
5 x 8 cm (2 x 3")	1,69 pour 4	0
15 x 20 cm (6 x 8")	1,69 chaque	0
20 x 25 cm (8 x 10")	1,99 chaque	0
20 x 30 cm (8 x 12")	2,49 chaque	1

4 Pour chaque photographie, vous pouvez également définir le nombre de tirages selon différents formats. Cliquez dans le cadre face au format souhaité, effacez le **0** et remplacez le par le nombre d'exemplaires désirés.

Le conseil de Gabriel

Si un triangle jaune ⚠ s'affiche en face d'un format proposé, il est préférable de ne pas commander le tirage. **iPhoto** vous prévient que le tirage ne sera pas de bonne qualité.

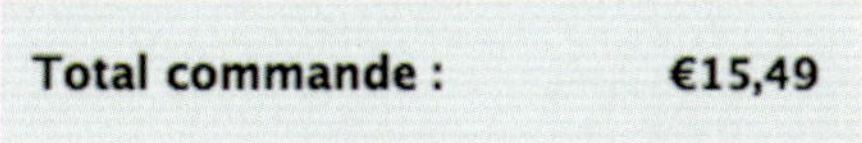

5 En bas à droite de la fenêtre s'affiche en permanence le prix de votre commande.

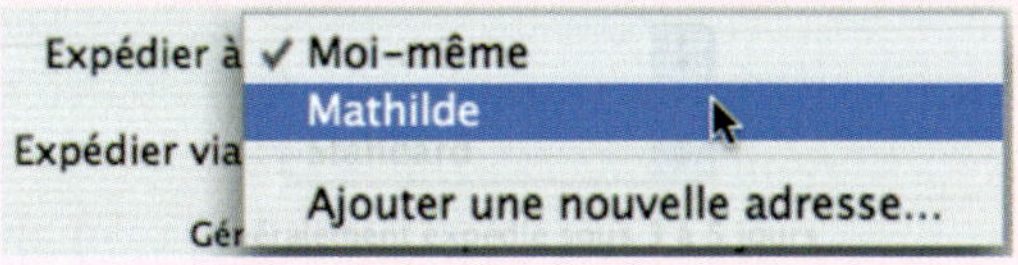

6 Sélectionnez l'adresse d'expédition en cliquant sur le menu déroulant **Expédier à**.

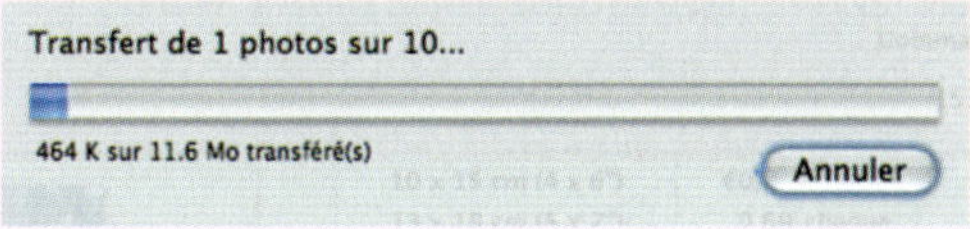

7 Cliquez sur **Acheter maintenant**. Les photographies sont envoyées sur le site de Kodak. Une fenêtre vous permet de visualiser la progression de l'envoi.

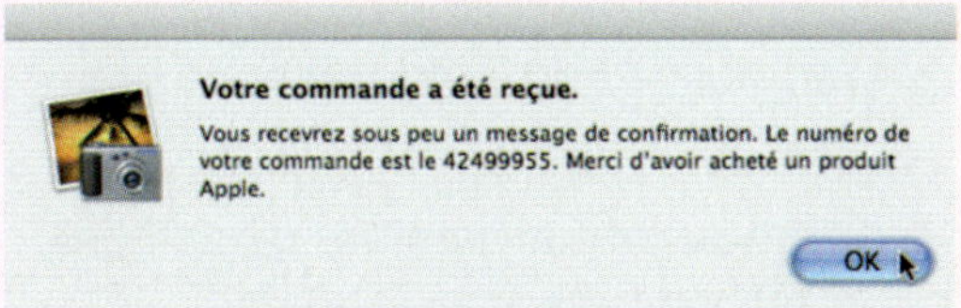

8 Le transfert définitivement achevé, une fenêtre vous le signale. Cliquez sur **OK**.

Le saviez-vous ?

Vous pouvez également commander des cartes, des calendriers et des livres de photographies. Cliquez sur les icônes dans la barre d'outils en bas de la fenêtre et laissez-vous guider !

Comment regarder un DVD sur mon Mac ?

■ Votre Mac permet de lire les DVD. Si vous possédez un Mac portable, cela est très pratique car vous allez pouvoir visionner des films pendant vos vacances ou lors de vos déplacements.

Regardez un DVD

1 Insérez le DVD dans votre lecteur.

2 Après un temps de chargement, votre Mac ouvre automatiquement le **Lecteur DVD** .

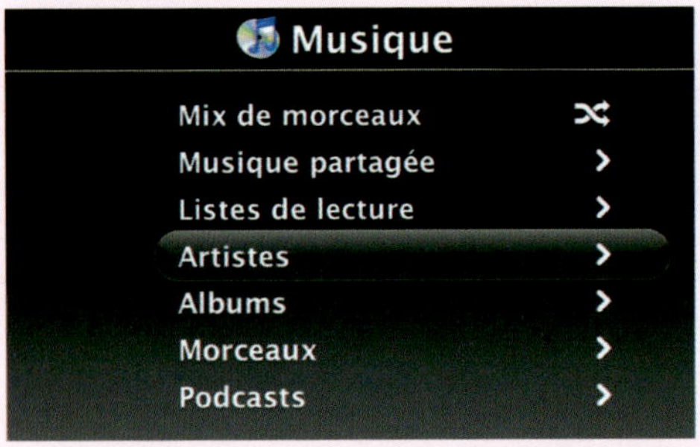

3 Votre pointeur va alors remplacer la télécommande. Cliquez simplement sur les menus pour sélectionner le film, les bonus ou les langues.

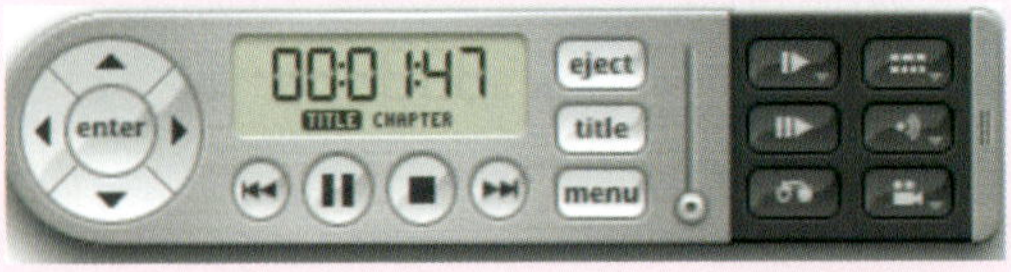

4 Pendant la lecture du DVD, un simple déplacement du pointeur vous donne accès à une télécommande. Celle-ci vous permet d'accéder à nouveau au menu ou d'arrêter la lecture du DVD. Si vous ne déplacez pas le pointeur pendant quelques secondes, elle disparaît à nouveau.

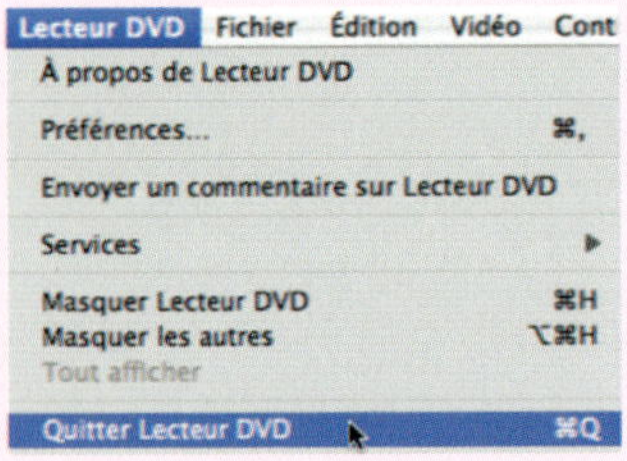

5 Pour quitter le logiciel, placez votre pointeur en haut de l'écran. Cliquez sur **Quitter lecteur DVD** dans le menu **Lecteur DVD**.

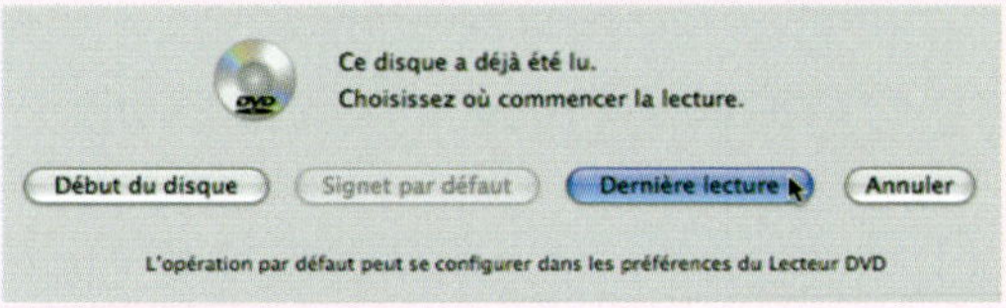

6 Si vous réinsérez le DVD ultérieurement, le **Lecteur DVD** propose de reprendre la lecture où vous vous étiez arrêté.

Le conseil de Gabriel

Si vous disposez de la télécommande d'Apple, vous pouvez utilisé **Front Row** pour utiliser réellement votre **Mac** comme votre lecteur **DVD** de salon. Assis confortablement dans votre canapé, vous pouvez regarder votre film grâce à cette télécommande.

À quoi sert la télécommande fournie avec mon Mac ?

Les Macs récents sont livrés avec une télécommande. Grâce à celle-ci, vous allez accéder au contenu multimédia de votre Mac sans toucher ni à la souris ni au clavier : bienvenue dans Front Row !

Le fonctionnement de la télécommande

1 L'avant de la télécommande est facile à reconnaître avec la présence de la bande noire. Cette partie doit être dirigé vers votre Mac lorsque vous la tenez en main.

2 Le bouton **Menu** sert à entrée dans l'interface de **Front Row**. Une fois dans **Front Row**, il permet de revenir à l'écran précédent. Quand vous êtes sur le premier écran, le bouton **Menu** permet de sortir de **Front Row**.

3 L'autre bouton est divisé en deux espaces : son centre (lecture/pause) et le cercle extérieur. Le centre permet de passer à la fenêtre suivante, une fois **Front Row** ouvert. Lorsque vous déclanchez un morceau de musique, un diaporama de photo ou un DVD, il permet de mettre la lecture en pause.

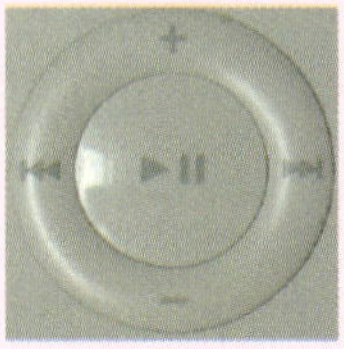

4 Le cercle extérieur sert de flèches directionnelles (haut, droite, bas et gauche). Lorsque vous regardez un contenu multimédia, le haut et le bas permettent de régler le volume sonore tandis que la gauche et la droite permettent de passer au morceau suivant.

5 Si vous possédez un iMac, la télécommande s'aimante sur le côté gauche de l'écran.

Le saviez-vous ?

La télécommande fonctionne aussi en dehors de **Front Row**. Elle permet de régler le volume sonore mais aussi pour mettre son Mac en veille en appuyant 5 secondes sur la touche lecture/pause.

Ouvrez Front Row pour la première fois

1 Lorsque vous appuyez sur la touche **Menu** de la télécommande, un écran noir apparaît. Grâce aux flèches directionnelles, vous pouvez consulter vos morceaux de musique, vos photos, vos films ou regarder un DVD.

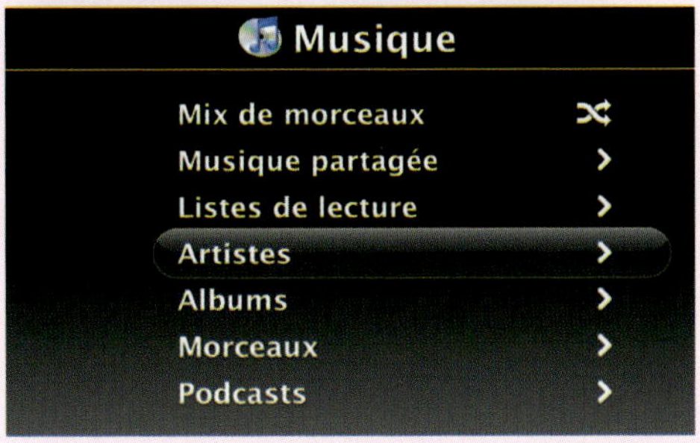

2 En appuyant sur la touche **lecture/ pause**, vous ouvrez l'icône sélectionnée. **Musique** fonctionne avec les mêmes critères de classement que dans l'application **iTunes** (voir fiche 70). En utilisant les flèches directionnelles, vous descendez ou montez dans la liste proposée.

3 Sélectionnez ensuite le morceau que vous désirez écouter et appuyez sur la touche **lecture/ pause** pour qu'il se déclenche.

4 Pour revenir au menu principal, appuyez sur la touche **Menu**.

Le saviez-vous ?

Si vous souhaitez sortir rapidement de **Front Row**, appuyez sur la touche **Tabulation** du clavier.

Le Quiz de Gabriel

■ Et maintenant, un petit quiz pour tester vos connaissances !

1 Sur votre Mac, vous pouvez stocker :

1. des photographies numériques
2. de la musique numérique
3. des DVD commerciaux

2 Le podcast, c'est :

1. la radio du XXIe siècle
2. une photographie envoyé par e-mail
3. une application

3 Est-il possible de lire un DVD sur Mac

1. Oui
2. Non

4 iTunes est une application qui vous permet :

1. d'importer des CD
2. de vendre de la musique
3. d'acheter de la musique

Réponses

1 = 1 et 2 ; 2 = 1 ; 3 = 1 ; 4 = 1 et 3

Comment imprimer correctement un document ?

Après avoir installé votre imprimante, vous souhaitez imprimer des documents depuis votre Mac ? Vous allez pouvoir mettre sur papier les données de tous les logiciels : une page Internet, le contenu d'un e-mail, une photographie… La méthode est toujours la même quel que soit le logiciel.

Imprimez votre première page

1 Allumez votre imprimante et vérifiez que le fil USB entre votre Mac et l'imprimante est bien relié des deux côtés.

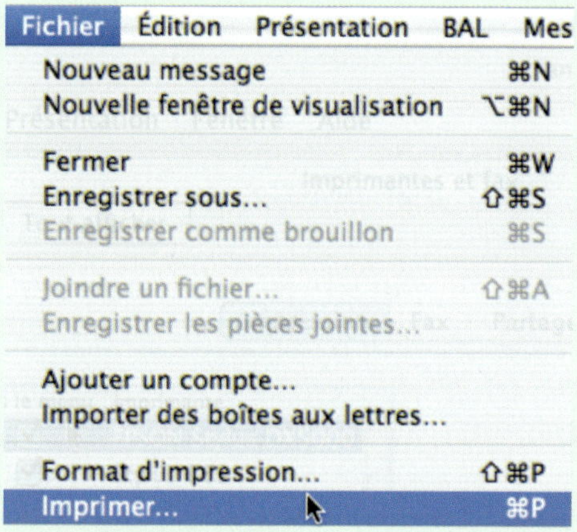

2 Dans le menu **Fichier**, cliquez sur **Imprimer**.

3 Puis cliquez sur le bouton **Imprimer** et l'impression débute.

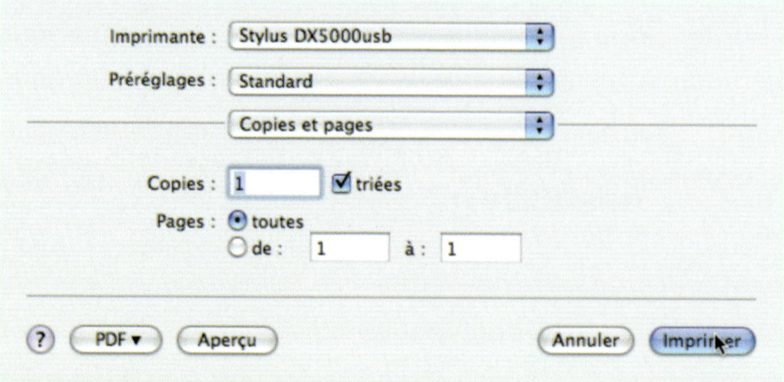

Imprimez certaines pages d'un document

Pour éviter de gaspiller des feuilles de papier, indiquez avec précision à votre Mac les pages à imprimer.

1 Dans le menu **Fichier**, cliquez sur **Imprimer**.

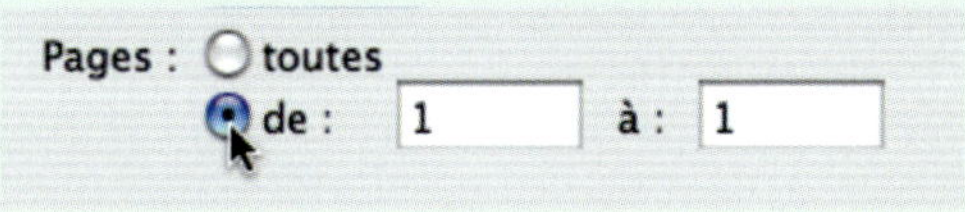

2 Cliquez sur le bouton **de**.

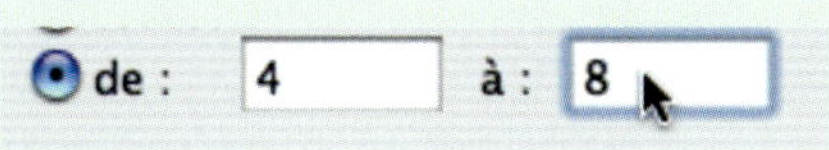

3 Saisissez les numéros des pages que vous souhaitez imprimer.

4 Cliquez sur **Imprimer**.

Comment imprimer en noir et blanc avec mon imprimante couleurs ?

Il vous arrive régulièrement de vouloir imprimer un document pour une utilisation sans grande importance. Dans ce cas là, il est bien plus économique de l'imprimer en noir et blanc. Vous n'imprimez pas tous les jours en couleurs à la photocopieuse, alors pourquoi le faire chez vous ?

Créez un mode noir et blanc

1 Ouvrez **Safari** puis cliquez sur **Imprimer** dans le menu **Fichier**.

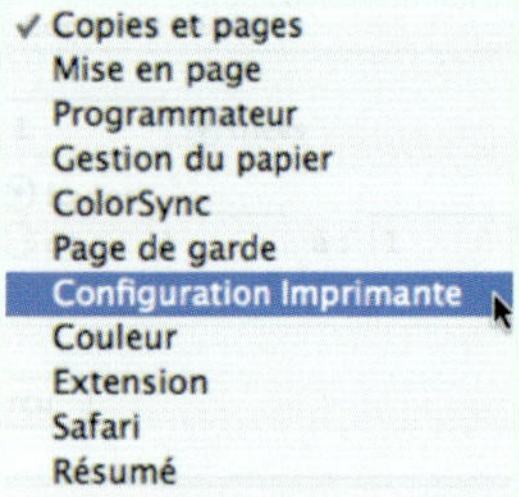

2 Cliquez sur **Copies et pages**. Un menu déroulant apparaît dans lequel vous devez cliquer sur **Configuration Imprimante**.

3 Dans le menu **Couleur**, cliquez sur **Noir**.

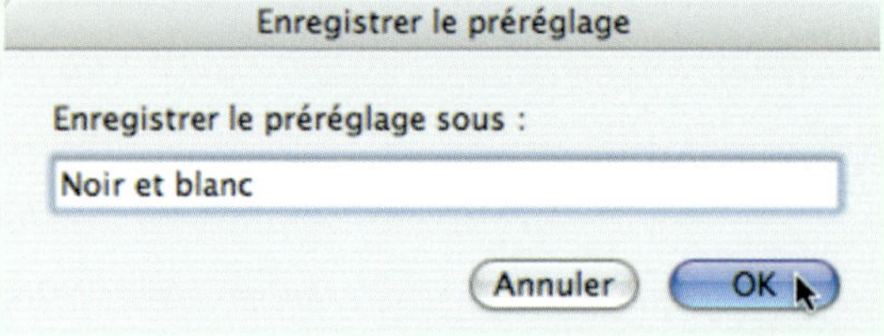

4 Dans le menu **Préréglage**, cliquez maintenant sur **Enregistrez sous**. Dans la fenêtre qui apparaît, saisissez **Noir et Blanc** et cliquez sur **OK**.

Imprimez un document en noir et blanc

1 Maintenant que vous avez configuré le mode noir et blanc, il vous suffit de le sélectionner dans le menu **Préréglage** lorsque vous désirez imprimer en noir et blanc.

2 Cliquez sur **Imprimer**.

Le conseil de Gabriel

Vous pouvez enregistrer autant de configurations d'impression que vous le désirez. Par exemple, dans **Configuration Imprimante**, vous pouvez régler la vitesse de l'impression au maximum pour une qualité minimale et la nommer « brouillon ».

Comment imprimer des photographies avec iPhoto ?

■ L'impression de photographies chez soi est très pratique depuis l'avènement du numérique. En quelques clics, vous pouvez imprimer un souvenir ou une carte d'invitation. iPhoto adapte automatiquement les photographies à la taille du papier et à chacun de vos souhaits.

Imprimez sur du papier spécifique

1 Après avoir ouvert **iPhoto**, sélectionnez la ou les photographies que vous désirez imprimer (voir fiche 83).

2 Dans le menu **Fichier**, cliquez sur **Imprimer**.

3 Cliquez sur **Préréglage** afin de définir le type de papier que vous utilisez.

4 Cliquez sur **Papier** si vous n'utilisez pas une feuille A4 mais un format de papier différent.

Le saviez vous ?

Les imprimantes sont fournies avec quelques exemplaires de papiers photographiques. Mais vous devrez tôt ou tard en acheter, or ce papier est cher. Si vous désirez imprimer de nombreuses photographies, il est plus économique de commander des tirages en ligne (voir fiche 80).

Imprimez sous des formats différents

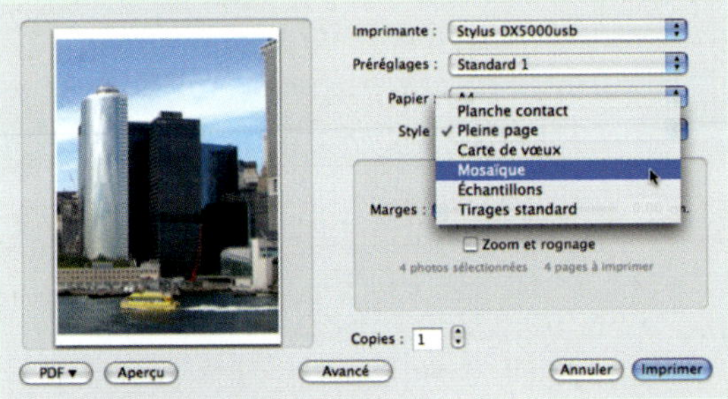

1 Un simple clic sur le menu déroulant **Style** vous permet d'apercevoir les nombreuses possibilités offertes.

2 La sélection de **Mosaïque** permet d'imprimer plusieurs photographies sur une même page. La prévisualisation à droite affiche le résultat.

3 Les autres modes permettent d'imprimer vos photographies sous toutes les configurations possibles. N'hésitez pas à les explorer.

Pour vos proches, imprimez vos meilleures photographies en un instant.

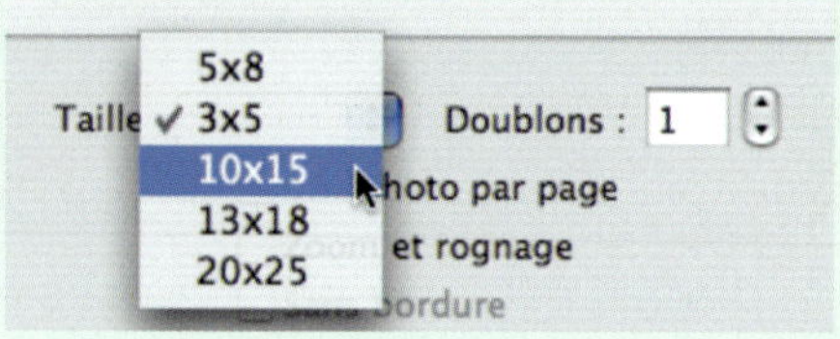

4 Le seul élément important à connaître est de bien regarder en dessous de la rubrique **style** les différents réglages de chaque style. Par exemple, dans **tirage standard** vous pouvez définir la taille des photographies et indiquer si vous les désirez en plusieurs exemplaires.

5 Une fois votre choix effectué, cliquez sur **Imprimer**.

Le saviez-vous ?

En bas de la page, **iPhoto** vous indique le nombre de pages nécessaires pour l'impression suivant le style et les options que vous avez choisis.

Comment vérifier le niveau de mes cartouches d'encre ?

Les cartouches d'encre se vident progressivement. Vérifier leur niveau permet de prévoir le moment d'en acheter en remplacement. Beaucoup d'imprimantes n'indiquent pas la ou les cartouches à changer. Heureusement votre Mac va vous l'indiquer.

Vérifiez le niveau des cartouches d'encre

Vérifiez avec attention le niveau d'encre de vos cartouches d'imprimante.

1 Dans le **Dock**, cliquez sur **Préférences systèmes**, puis sur **Imprimantes et fax**.

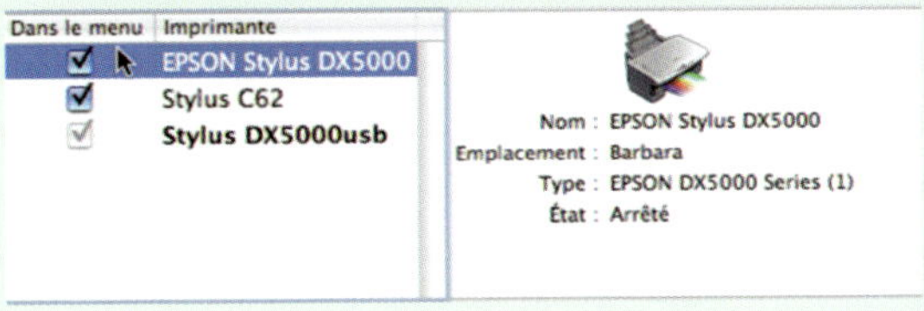

2 Dans la liste des imprimantes, double cliquez sur le nom de l'imprimante concernée. Une fenêtre s'ouvre alors avec le nom de l'imprimante.

3 Dans la barre d'outils, cliquez sur **Utilitaire**.

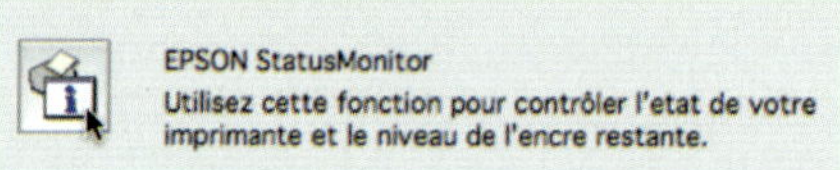

4 Un logiciel s'ouvre. La présentation change suivant les constructeurs. Mais il existe toujours une option permettant de vérifier le niveau d'encre (ici Epson).

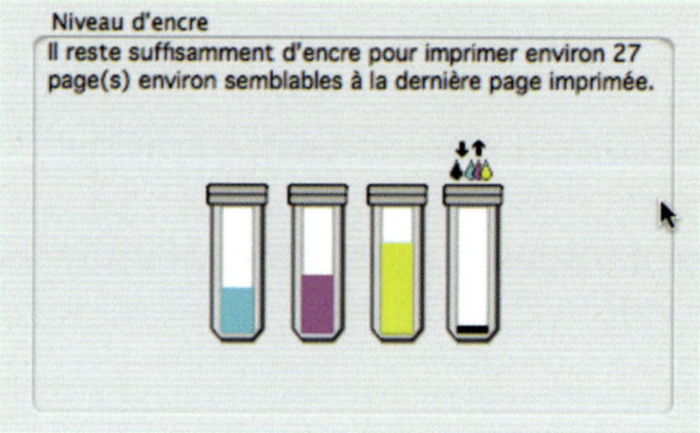

5 Une illustration vous indique alors les niveaux d'encre pour chacune des cartouches. Ici, vous ne pouvez imprimer que 27 pages, d'après les prévisions du logiciel.

Le saviez-vous ?

La plupart des imprimantes refusent d'imprimer en noir et blanc dès qu'une des cartouches couleurs est épuisée. Il faut donc toujours disposer de toues les cartouches d'encre en réserve pour éviter les mauvaises surprises.

Comment partager mon imprimante entre plusieurs Mac ?

À la maison, vous disposez de plusieurs Mac mais d'une seule imprimante. Il existe une solution très pratique pour permettre à l'ensemble de vos ordinateurs d'imprimer sur une seule imprimante. Il suffit que ces derniers soient tous connectés à Internet sur la même connexion.

Activez le partage d'imprimantes

1 Dans le **Dock**, cliquez sur **Préférences systèmes**, puis sur **Partage**.

2 Cliquez sur l'onglet **Services**.

3 Cochez la case à gauche de **Partages d'imprimantes** en cliquant une fois.

4 Répétez cette manœuvre sur tous les Macs.

Imprimez en réseau

1 Allumez le Mac qui est relié à votre imprimante ainsi que l'imprimante.

2 Imprimez un document à partir de l'un des autres Macs que vous partagez (voir fiche 83).

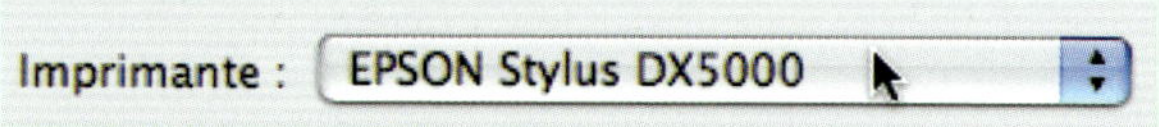

3 Cliquez sur le menu déroulant **Imprimante**.

4 Descendez avec votre curseur au sein du menu déroulant jusqu'au sous-menu **Imprimantes partagées** et cliquez sur l'imprimante désirée.

5 Cliquez sur **Imprimer**.

Le conseil de Gabriel

Si l'impression ne fonctionne pas, vérifiez que votre connexion à Internet n'est pas non plus défaillante (voir fiche 95).

Le Quiz de Gabriel

Et maintenant, un petit quiz pour tester vos connaissances !

1 Votre imprimante peut imprimer :

1 une lettre

2 des photographies

3 une fenêtre du Finder

2 On ne peut pas vérifier le niveau des cartouches d'encres sur son Mac :

1 vrai

2 faux

3 Pour imprimer un document en noir et blanc, il faut :

1 enlever les cartouches d'encre couleurs

2 transformer ces données en noir et blanc

3 configurer un mode noir et blanc pour l'imprimante

Réponses

1 = 1 et 2 ; 2 = 2 ; 3 = 3

Comment bien me servir de l'aide sur mon Mac ?

■ Votre Mac peut vous aider à réaliser des tâches peu courantes et difficiles. Il vous propose un système d'aide utile et efficace. C'est comme un mode d'emploi mais bien plus pratique. Découvrez l'aide du Mac dans cette fiche !

Mais à quoi sert ce bouton ?

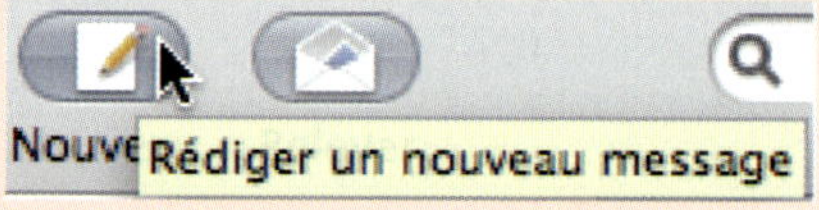

1 Si vous travaillez avec un logiciel et si vous ne connaissez pas l'utilité d'un bouton, déplacez votre pointeur sur celui-ci, sans cliquer, et attendez deux secondes. Une petite bulle vous donne une explication.

Comprendre une action plus complexe

En haut de votre écran, vous disposez également du menu **Aide**. Si vous l'utilisez dans le **Finder**, cette aide correspond alors à l'aide générale du **Mac.** Si vous l'utilisez dans un logiciel, l'aide est limitée aux fonctionnalités du logiciel.

1 Cliquez sur le menu **Aide** puis sur **Aide**.

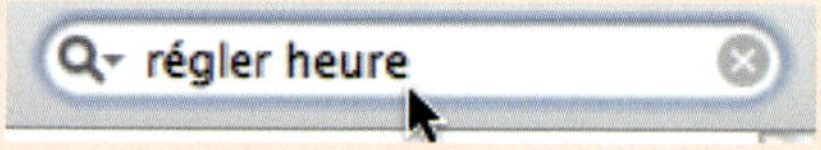

2 Le logiciel **Visualisation aide** s'ouvre. La méthode la plus simple est de faire une recherche dans le champ en haut à droite de la fenêtre. Saisissez votre recherche et appuyez sur la touche **Entrée**.

3 La recherche affiche alors plusieurs résultats. Sélectionnez celui qui correspond le mieux à votre demande et appuyez sur **Afficher**.

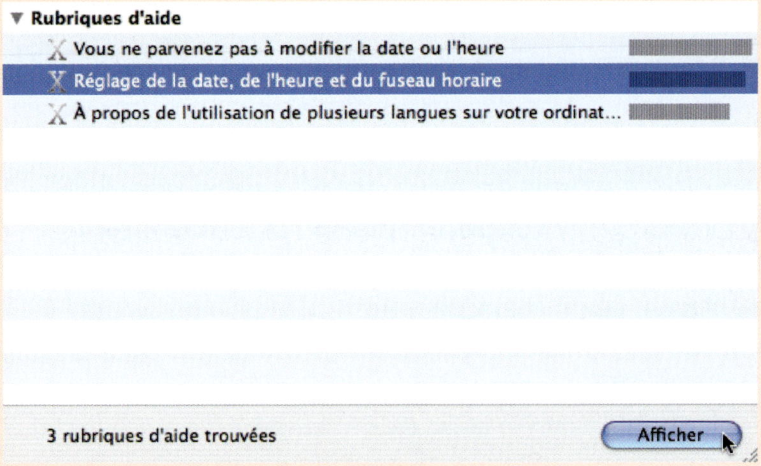

4 Une nouvelle fenêtre s'ouvre vous expliquant la manière dont vous devez procéder. Le plus important à lire est la partie en bleuté qui vous expose la procédure à suivre.

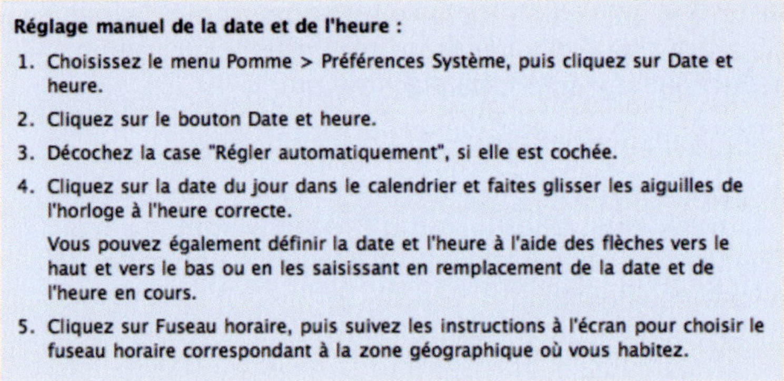

Réglage manuel de la date et de l'heure :

1. Choisissez le menu Pomme > Préférences Système, puis cliquez sur Date et heure.
2. Cliquez sur le bouton Date et heure.
3. Décochez la case "Régler automatiquement", si elle est cochée.
4. Cliquez sur la date du jour dans le calendrier et faites glisser les aiguilles de l'horloge à l'heure correcte.

   Vous pouvez également définir la date et l'heure à l'aide des flèches vers le haut et vers le bas ou en les saisissant en remplacement de la date et de l'heure en cours.
5. Cliquez sur Fuseau horaire, puis suivez les instructions à l'écran pour choisir le fuseau horaire correspondant à la zone géographique où vous habitez.

5 Si vous souhaitez revenir en arrière, cliquez sur les petites flèches ◄ ► où la maison pour revenir à la première page.

Le conseil de Gabriel

Il n'y a pas de résultat lors de votre recherche ? C'est sûrement parce que vous n'avez pas entré les bons termes. Essayez de mettre un ou deux termes qui soient les plus explicites possibles.

J'ai perdu une barre d'outils dans un logiciel...

■ Dans chaque logiciel, il existe en haut de la fenêtre une ou plusieurs barres d'outils qui vous permettent d'accéder aux fonctions essentielles du logiciel. Mais il arrive qu'à la suite d'une fausse manœuvre, elles disparaissent. Sans elles, vous êtes pénalisé… tout comme lorsque vous ne retrouvez pas la télécommande de votre télévision.

Rétablissez une barre d'outils perdue !

Dans les menus de chaque logiciel, vous trouvez le menu **Présentation**. Celui-ci va vous permettre de faire réapparaître la barre qui a disparu.

1 Cliquez sur le menu **Présentation**.

2 Cliquez sur la barre d'outil. Lorsqu'il y a plusieurs barres d'outils dans le menu, choisissez celles que l'on vous propose d'**afficher** (le menu propose de **masquer** celles qui sont déjà apparentes).

3 Prenez l'exemple de **Safari**. La barre avec laquelle vous effectuez habituellement vos recherches dans Google (voir fiche 61) a disparue. Dans le menu **Présentation**, seule la première solution vous propose d'**Afficher**. C'est donc sur celle-ci que vous cliquez.

Le conseil de Gabriel

Vous n'avez pas perdu votre barre d'Outils entièrement mais simplement un élément. La solution est décrite à la fiche 31.

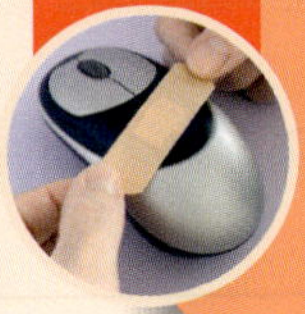

Que faire lorsque mon curseur est bloqué ?

Si votre Mac est réputé pour sa stabilité, il lui arrive, comme tout ordinateur, de se bloquer. Lorsque votre voiture refuse de démarrer, vous finissez après plusieurs essais, par obtenir le ronronnement du moteur. Il n'y a donc rien de grave, il faut simplement savoir comment réagir.

Mon curseur se transforme en boule multicolore

Le pointeur peut se transformer en un cercle multicolore . Cela signifie que votre Mac ne parvient pas à gérer toutes les actions que vous lui avez demandé de réaliser. Il vous faut alors patienter deux à trois minutes.

- Si ce blocage s'interrompt, vous reprenez le contrôle de votre pointeur. Vous pouvez alors continuer à vous servir normalement de votre Mac. Cependant s'il se bloque ainsi régulièrement, limitez le nombre d'applications que vous ouvrez en même temps.

- Si un message vous signale que l'application a quitté, cliquez sur le bouton **Relancer** et l'application s'ouvre à nouveau.

- Si le blocage se prolonge et si rien ne se passe, déplacez votre pointeur sur l'icône de l'application dans le **Dock**. Maintenez le bouton de la souris appuyé jusqu'à ce qu'apparaisse un encadré blanc où il est marqué **Forcer à quitter**. Cliquez sur **Forcer à quitter**.

Mon pointeur est figé !

Si vous ne parvenez absolument plus à déplacer votre pointeur, il y a deux problèmes possibles :

- Soit votre souris est mal branchée : il suffit de vérifier qu'elle est bien connectée au port **USB** de votre Mac.
- Soit votre Mac est bloqué et il faut le redémarrer. Pour cela, appuyez tout d'abord sur les touches **Contrôle** et **Pomme** et, tout en les laissant enfoncées, appuyez sur la touche de démarrage du Mac.

Après avoir redémarrer, le Mac vous signale par un message qu'il va envoyer automatiquement un e-mail à Apple. Vous n'avez qu'à cliquer sur **OK**.

Le conseil de Gabriel

La fonction Redémarrer sert à éteindre votre Mac puis à l'allumer juste après. Il ne faut l'utiliser que lorsque le pointeur est bloqué ou lorsque votre Mac vous le demande.

Comment réagir lorsque mon écran reste noir ?

■ Un écran noir n'est quasiment jamais synonyme d'une panne. Il est probablement en veille ou éteint. Lorsque c'est le cas avec votre téléviseur, vous savez résoudre le problème. Et bien sur votre Mac, ce n'est pas très différent.

Sortir de veille votre Mac

Si votre Mac est en veille, il vous le signale par une petite lumière blanche qui clignote.

- Sur un Mac portable, la lumière se situe sur la tranche avant du Mac. Si c'est le cas, appuyez sur la barre d'espace du clavier pour sortir du mode veille. Si cette première solution ne fonctionne pas, vérifiez qu'il est bien branché sur secteur. En effet, si le Mac portable n'a plus de batterie, il ne peut pas sortir de veille.
- Sur un Mac fixe, la lumière blanche se localise en bas à droite de l'écran. Si c'est le cas, un simple clic de souris permet de sortir du mode veille.

Allumez le Mac

Vous ne voyez pas la lumière qui clignote et vous n'entendez aucun bruit ? C'est que votre Mac est éteint.

1. Il faut d'abord essayer de l'allumer avec la **touche de démarrage**.
2. Si cela ne marche pas, vérifiez qu'il est bien branché à l'électricité non seulement sur la prise électrique mais aussi au niveau du Mac. Puis appuyez de nouveau sur la **touche de démarrage**.

Lorsque aucune de ces solutions ne fonctionne, alors il faut redémarrer le Mac (voir fiche 90).

Le conseil de Gabriel

S'il arrive souvent que votre Mac portable soit bloqué lorsque vous désirez l'allumer, c'est que vous ne l'éteignez pas correctement. Lors de l'extinction d'un Mac portable, il ne faut surtout pas rabattre l'écran avant que ce dernier soit complètement noir et que l'ordinateur ne fasse plus de bruit. Sinon, il ne s'éteint pas mais passe en mode veille au moment où il est en train de s'éteindre. Il bloque alors systématiquement.

Les caractères qui s'affichent à l'écran ne correspondent pas avec les touches du clavier !

Votre clavier est-il devenu fou ? Rassurez-vous, il ne s'agit que d'un problème de configuration. En effet, les claviers sont différents selon les langues. Il faut parfois rétablir le réglage correspondant au clavier Français.

Rétablissez le clavier Français

1 Cliquez sur **Préférences systèmes** dans le **Dock**, puis sur **International** .

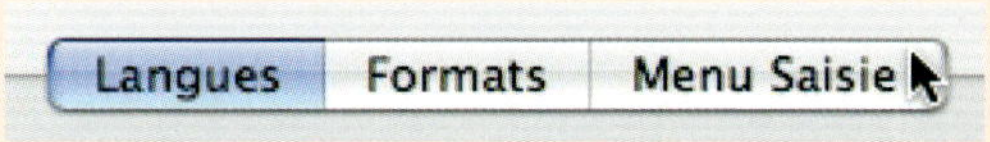

2 Cliquez sur l'onglet **Menu Saisie**.

3 Utilisez les ascenseurs pour parvenir au clavier Français.

4 Cochez la case à gauche de **Français** en cliquant une fois.

5 Trouvez l'autre clavier coché dans cette liste et décochez-le.

Le conseil de Gabriel

Vous pouvez utiliser plusieurs claviers différents. Pour cela, cochez les claviers qui vous intéressent et cliquez sur la case à gauche de **Afficher le menu de Saisie**. Le menu apparaît alors en haut à droite de votre écran.

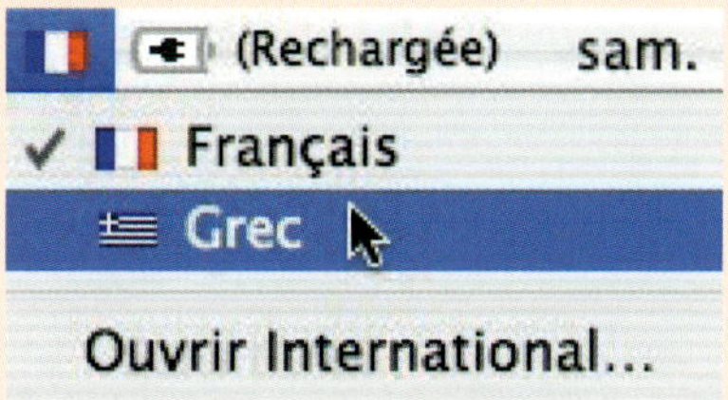

Comment retrouver un mot de passe que j'avais enregistré ?

Vous créez et enregistrez régulièrement des mots de passe. Mais comment faire pour retrouver un mot de passe perdu nécessaire à l'utilisation de l'un des logiciels de votre Mac.

Ouvrez le trousseau d'accès

Le trousseau d'accès est le lieu où sont enregistrés tous vos mots de passe.

1 Dans le **Dock**, cliquez sur **Finder** .

2 Dans la barre à gauche de la fenêtre, cliquez sur le dossier **Applications** .

3 Double cliquez sur le dossier **Utilitaires** puis sur **Trousseau d'accès** .

Retrouvez votre mot de passe perdu

La liste qui s'affiche contient l'ensemble des mots de passe enregistrés sur votre Mac.

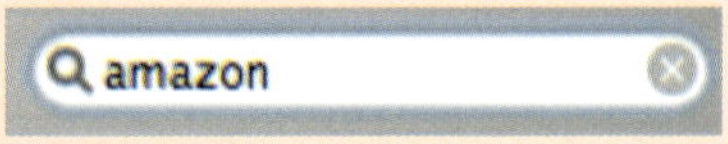

1 Pour retrouver celui que vous recherchez, saisissez un mot clé dans le champ recherche en haut à droite de la fenêtre.

Le conseil de Gabriel

Si vous recherchez un mot de passe pour utiliser l'e-mail, saisissez pop dans le champ recherche afin de le retrouver. En effet, votre mot de passe permet d'accéder à un compte pop (voir fiche 45).

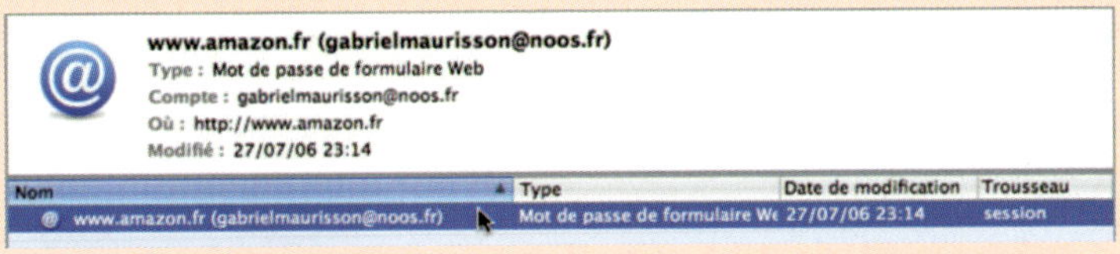

2 Double cliquez sur son nom dans la liste.

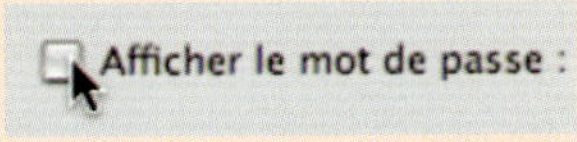

3 Dans la nouvelle fenêtre, cochez **Afficher le mot de passe**.

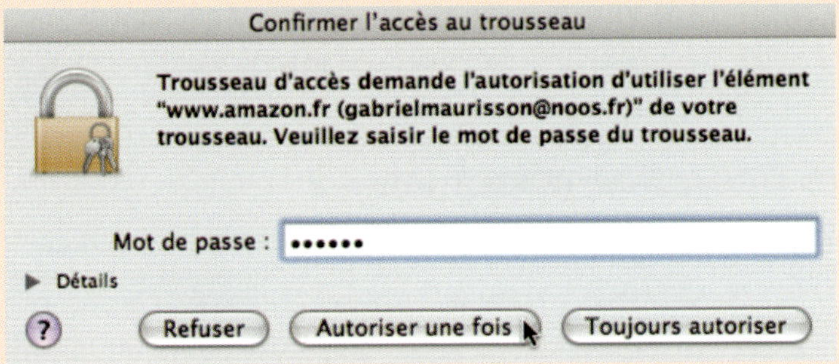

4 Saisissez votre mot de passe administrateur et cliquez sur **Autoriser une fois**.

5 Le mot de passe apparaît !

Je viens de commettre une erreur de manipulation : comment rectifier ?

Vous venez de faire une fausse manœuvre ? Ne vous inquiétez pas : votre Mac peut remonter dans le temps… En effet, vous pouvez (presque) toujours annuler la dernière opération effectuée.

Annulez la dernière opération effectuée

Cette solution fonctionne partout sur votre Mac.

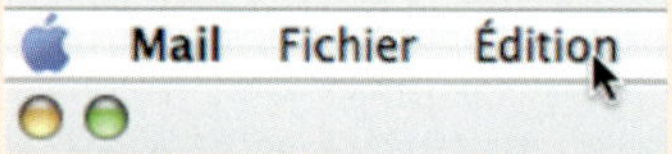

1 Voici un exemple : vous venez de supprimer un e-mail par erreur. Procédez ainsi : en haut à gauche de votre écran, cliquez sur le menu **Édition**.

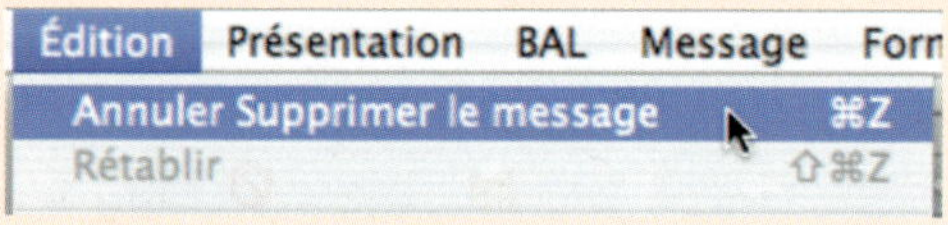

2 Cliquez sur la première ligne qui commence toujours par **Annuler**. La suite décrit l'action produite. Ici, il s'agit de la suppression d'un e-mail.

3 Votre dernière opération est immédiatement annulée.

Le saviez-vous ?

Il existe un raccourci clavier très pratique pour réaliser cette opération. Maintenez appuyé la touche **Pomme** et appuyez sur la touche **Z**.

Le conseil de Gabriel

Attention ! Vous ne pouvez pas annuler certaines opérations. Ainsi, lorsque vous videz la **Corbeille** , vous ne pouvez pas retrouver les éléments supprimés (voir fiche 42). Autre conseil : les achats ou les démarches que vous réalisez sur Internet ne peuvent pas être annulés par ce biais.

Je n'arrive plus à me connecter à Internet : que faire ?

Internet ne fonctionne plus ? Les causes possibles sont aussi diverses que lorsqu'une lampe ne fonctionne plus : le fil est débranché, l'ampoule est cassée, les plombs ont disjoncté... Il faut donc procéder avec ordre pour trouver la cause du problème afin de le résoudre au plus vite.

Ne suis-je plus connecté à Internet ?

Pour vérifier si vous êtes connecté, cliquez sur **Safari** dans le **Dock** puis allez sur un site Internet. Si le site n'apparaît pas à l'écran, **Safari** peut afficher deux types de message.

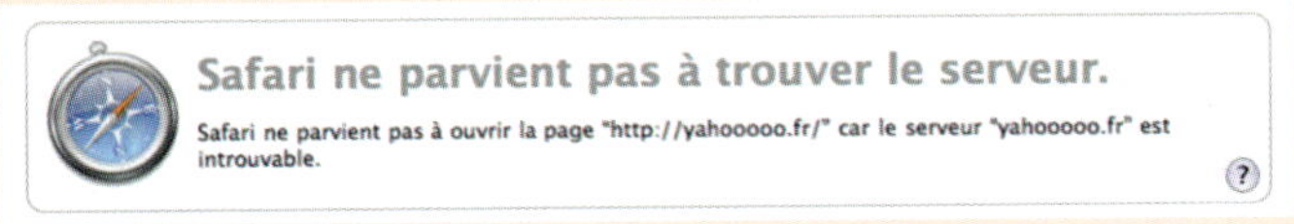

- Le serveur (site Internet) est introuvable.

Cela signifie que vous êtes connecté à Internet mais que **Safari** ne parvient pas à accéder à l'adresse que vous avez tapée. La cause la plus fréquente est l'erreur de frappe (ici, yahoo écrit avec cinq « o » au lieu de deux). Mais il est également possible que le site que vous essayez de consulter soit indisponible ou n'existe plus. Pour le vérifier, effectuez une recherche sur Google. Si vous y parvenez, c'est que le site auquel vous souhaitez vous connecter rencontre une difficulté temporaire.

Le saviez-vous ?

Les sites Internet sont stockés sur des ordinateurs connectés au réseau Internet. Il arrive que ces ordinateurs rencontrent eux-mêmes un problème technique. Ainsi, tant que le responsable informatique du site ne redémarre pas l'ordinateur, le site Internet n'est plus accessible.

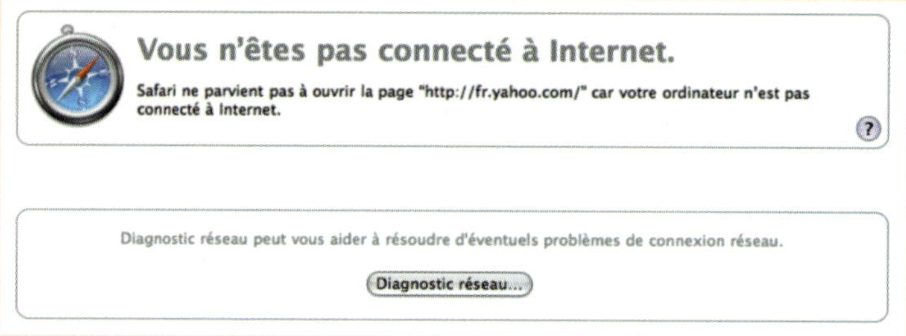

- **Safari** vous confirme que vous n'êtes plus connecté à Internet.

Remettez en route votre connexion Internet

- Cliquez sur **Diagnostic réseau**.

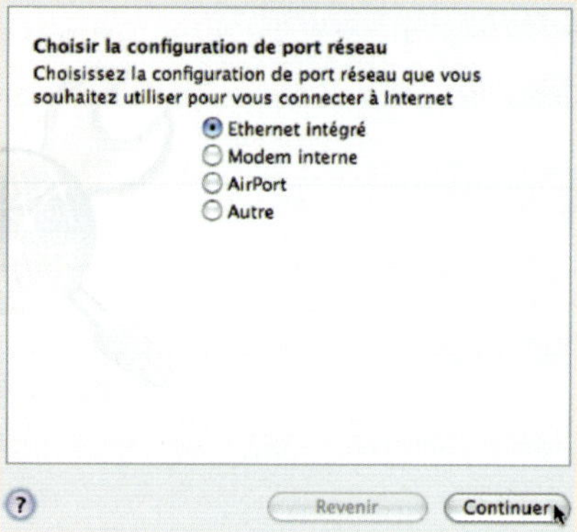

- **Diagnostic réseau** s'ouvre et vous demande par quel moyen vous êtes connecté à Internet ? Soit vous êtes connectés à l'aide d'un fil (**Ethernet intégré**) soit sans fil (**Airport**). Puis cliquez sur **Continuer**.

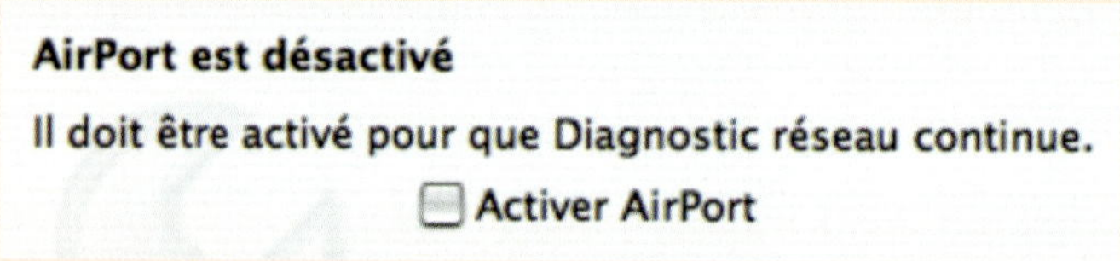

- S'il s'agit d'un problème de configuration, votre Mac vous aide à le rétablir. Par exemple, ici Airport est désactivé. Cliquez à gauche sur **Activer Aiport**, puis sur **Continuer**.

- Cependant, il arrive régulièrement que le problème ne provienne pas de la configuration du Mac. Vérifiez d'abord que les fils sont bien en place : celui qui va de la prise téléphonique au modem et celui qui va du Mac au modem (sauf si vous êtes connecté en sans fil).

- Si les fils sont tous bien branchés, cela signifie que le problème vient du modem ou de votre fournisseur d'accès à Internet (FAI). Regardez si les diodes clignotent normalement (voir le mode d'emploi fourni avec le modem). Ainsi, il peut arriver que le modem se mette à jour et, pendant ce laps de temps, coupe la connexion Internet.

- Si les diodes ne signalent pas une mise à jour, débranchez le modem de l'électricité, attendez 10 secondes, puis rebranchez-le. Au bout d'une ou deux minutes, le modem se rallume complètement (vous pouvez le vérifier grâce aux diodes). Retournez dans **Safari** pour vérifier si Internet fonctionne à nouveau.

- Si Internet ne fonctionne toujours pas, il vous est nécessaire d'appeler votre FAI. Cependant, si vous n'en avez pas un besoin urgent, pourquoi ne pas attendre jusqu'au lendemain pour voir si les choses ne se rétablissent pas ? En effet, vous êtes dans la même situation que lorsque la ligne téléphonique ne fonctionne plus. Il n'est donc pas certain que l'appel à votre FAI résolve le problème.

- Si vous appelez votre FAI, n'oubliez pas de préciser à votre interlocuteur toutes les manipulations effectuées. Cela l'aidera à trouver plus rapidement l'origine du problème.

Mon document ne s'imprime pas : que faire ?

■ Vous avez demandé l'impression d'un document mais rien ne se passe. Il n'y a là rien de grave. En quelques clics, vous allez réussir à remettre en route l'impression.

Détectez le problème

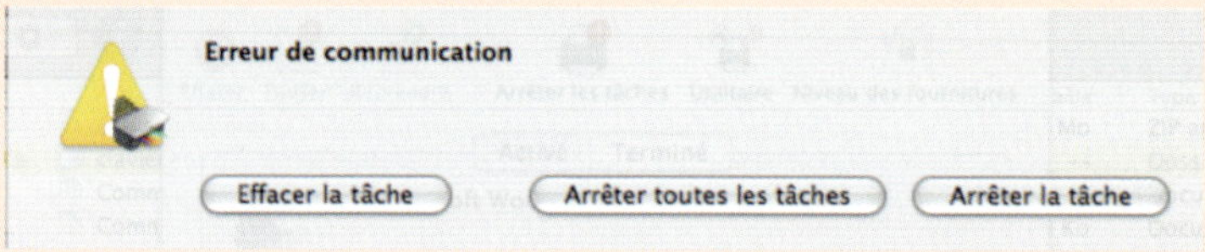

1 En bas à droite de votre **Dock**, cliquez sur l'icône montrant une imprimante.

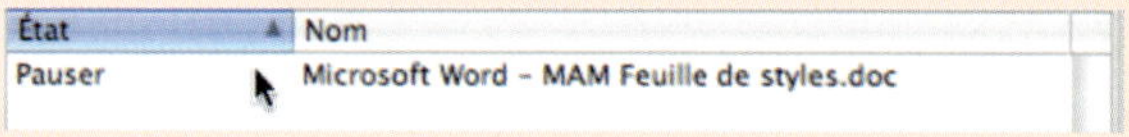

2 Une fenêtre vous indique l'origine du problème (votre Mac vous signale presque toujours une erreur de communication ; cela signifie qu'il n'arrive pas à établir la communication avec l'imprimante).

3 Cliquez sur **Arrêter la tâche** 

.

Identifiez l'origine du problème

Quelques vérifications simples sont alors nécessaires :

1 Vérifiez que votre imprimante est bien allumée.

2 Vérifiez qu'elle suffisamment alimentée en papier.

3 Vérifiez que votre câble USB est bien connecté à votre Mac et à l'imprimante.

4 Vérifiez qu'un clignotant de l'imprimante ne vous indique pas que vous ne disposez plus d'encres (voir fiche 86).

Avant d'imprimer un long document, pensez à toujours vérifier le niveau des encres de votre imprimante.

Relancez les tâches d'impression

1 Sélectionnez le document dans la liste des impressions.

2 Cliquez ensuite sur **Reprendre** .

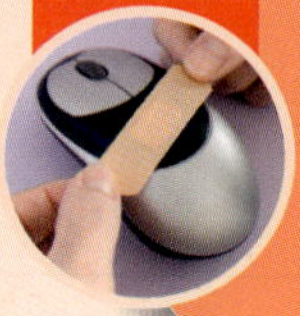

Comment utiliser correctement ma clé USB avec mon Mac ?

■ La clé USB est-elle devenue le compagnon quotidien de votre Mac ? Petite et pratique, votre clé USB permet de stocker vos fichiers et de l'avoir disponible à tout moment au fond de votre poche.

La clé USB, petite et tellement pratique !

Utilisez votre clé USB

1 Branchez la clé sur un port USB de votre Mac (voir fiche 9).

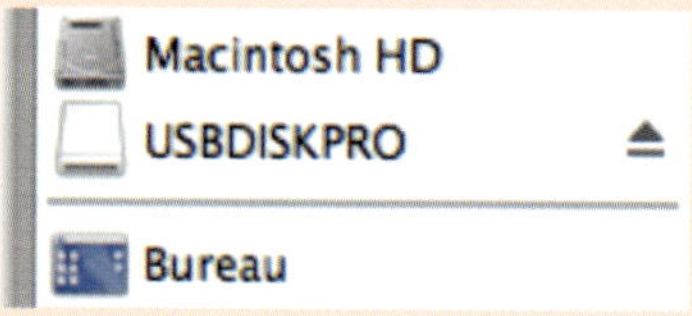

2 Dans le **Dock**, cliquez sur **Finder**. L'indication de la clé USB apparaît après quelques secondes en haut à gauche de la fenêtre.

Le saviez-vous ?

La clé USB apparaît également sur votre Bureau. C'est très pratique pour la consulter facilement.

3 La clé USB fonctionne ensuite comme un dossier classique. Un double-clic sur un élément présent sur la clé vous permet de le consulter.

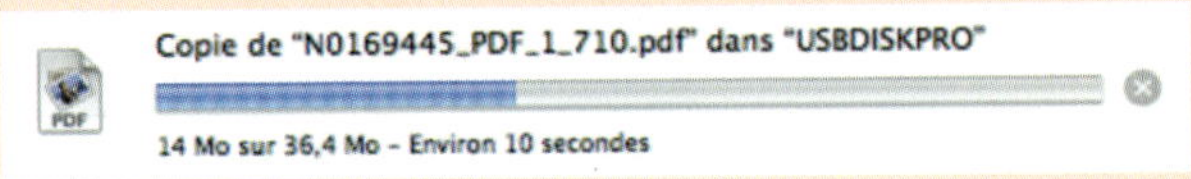

4 Vous pouvez également mettre des éléments et en retirer. Mais au lieu de déplacer l'élément comme pour les dossiers, vous le copier. Dès que vous procédez à un glisser-déposer, une petite fenêtre vous permet de visualiser le temps nécessaire à la copie.

Débranchez votre clé USB

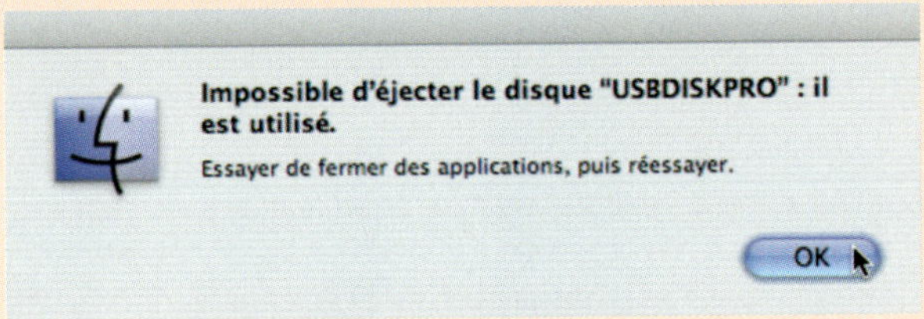

1 Avant de retirer votre clé USB, il vous est nécessaire de vérifier que tous les fichiers ouverts à partir de la clé sont fermés et que les transferts entre la clé et le Mac sont terminés. Sinon, un message vous invitera à le faire.

2 Dans le **Dock**, cliquez **Finder**. Cliquez sur le petit signe d'éjection ⏏ à gauche de la clé USB.

3 Lorsque son icône disparaît du Finder, vous pouvez retirer la clé du Mac.

Le conseil de Gabriel

Cette procédure est indispensable pour éviter de provoquer des erreurs sur les fichiers stockés. Si vous n'éjectez pas, cela revient à couper le moteur d'une voiture en mouvement. Le moteur n'apprécie pas, la clé non plus !

Le Quiz de Gabriel

Et maintenant, un petit quiz pour tester vos connaissances !

1 Pour redémarrer le Mac lorsque le pointeur est bloqué, vous appuyez sur :

1 la touche Entrée du clavier

2 les touches Pomme, Contrôle et sur le bouton d'alimentation du Mac

3 la touche Esc du clavier

2 Internet ne fonctionne plus, vous devez :

1 redémarrer votre Mac

2 vérifier sur Safari si vous êtes bien déconnecté

3 appeler votre FAI

3 Votre imprimante n'a pas imprimé le document, vous :

1 jetez votre imprimante

2 quittez et relancez l'application

3 cliquez sur l'icône qui saute dans le Dock

4 La clé USB est très pratique pour :

1 sauvegarder des documents

2 déplacer des documents

Réponses

1 = 2 ; **2** = 2 - 3 ; **3** = 3 ; **4** = 1

Index

L, M, N

P

Q, R

S

T - W

Notes personnelles

Notes personnelles

Notes personnelles

Notes personnelles

Notes personnelles

Notes personnelles

Notes personnelles

Notes personnelles